TRAUUNG

W0188388

Gottesdienste · Predigten · Liturgische Texte

Herausgegeben von Erhard Domay

Mit einer pastoralsoziologischen Einführung von Karl-Fritz Daiber

Gütersloher Verlagshaus

Die Deutsche Bibliothek – CIP-Einheitsaufnahme

Gottesdienstpraxis. – Gütersloh : Gütersloher Verl.-Haus.

Ser. B, Arbeitshilfen für die Gestaltung von Gottesdiensten
zu Kasualien, Feiertagen, besonderen Anlässen und
Arbeitsbücher für die Gemeindepraxis / hrsg. von
Erhard Domay.

NE: Domay, Erhard [Hrsg.]; Arbeitshilfen für die Gestaltung von
  Gottesdiensten zu Kasualien, Feiertagen, besonderen Anlässen und
  Arbeitsbücher für die Gemeindepraxis

Trauung : Gottesdienste, Predigten, Liturgische Texte / hrsg. von
Erhard Domay. Mit einer pastoralsoziologischen Einf. von
Karl-Fritz Daiber. – 1995
ISBN 3-579-02977-0
NE: Daiber, Karl-Fritz

ISBN 3-579-02977-0
© Gütersloher Verlagshaus, Gütersloh 1995

Satz: Fotosetzerei Steggemann, Herford
Druck und Bindung: Ebner Ulm
Umschlagentwurf: Franz Wöllzenmüller, Oberhaching, unter Verwendung eines
        Fotos von Gabriele Domay, Landau.
Gedruckt auf chlorfrei gebleichtem Werkdruckpapier
Printed in Germany

Inhalt

7

Fundgrube

Theologen sind auch nur Menschen oder: Pastoralsoziologische Erwägungen zur Trauung

Karl-Fritz Daiber

Idealtypisches

Im Rahmen des Ersten theologischen Examens mußte ich Praktische Theologie prüfen. Er, der Kandidat, hatte das Thema »Traugottesdienst« als Spezialgebiet für mein Fach gewählt. Gelegentlich haben Spezialthemen lebensgeschichtliche Hintergründe. Vor der Prüfung hatte sich mein Kandidat von einer jungen Frau verabschiedet. Ich hatte nicht falsch vermutet, es war seine angetraute Ehefrau. So beginne ich mit der Prüfung: »Erzählen Sie einmal von Ihrer eigenen Trauung!« Er freut sich über diesen Einstieg und beginnt zu erzählen.

Er erzählt, daß der Traugottesdienst für ihn und seine Frau ein großes Erlebnis gewesen sei. Man merkt seinen Augen an, daß es sich wirklich so verhält. Die Erinnerung verändert ihn. Er berichtet, ein Freund habe sie getraut, die Trauung hätte im Heimatort seiner Frau stattgefunden, viele Freunde seien dabei gewesen. Besonders schön sei gewesen, daß die Freunde beim Traugottesdienst mitgewirkt haben: musikalisch, durch Übernahme von Lesungen. Dann frage ich, was denn das Schönste gewesen sei im Rahmen des Gottesdienstes: Ja, die Traupredigt sei für sie sehr wichtig geworden. »Warum aber gerade die Traupredigt?« frage ich. Sie hätten sie gemeinsam vorbereitet. Der Pfarrer hätte etwas von ihrer beider Lebensgeschichte erzählt, ihrer je individuellen und dann von ihrer Begegnungsgeschichte, vom Wunder gewissermaßen dieser Begegnung.

Schön sei auch der Ringwechsel gewesen. Und dann erzählt er sehr genau, wie der Pfarrer ihm und seiner Frau die Ringe auf die Fingerkuppe gesetzt, und jedes dem anderen dann den Ring vollends übergestreift habe.

Ich frage nach dem Trauversprechen. Ja, dabei seien sie geblieben. In Freude und Leid einander treu bleiben, das sei doch wohl gerade der Sinn der christlichen Ehe. So hätten sie es sich versprochen, beieinander zu bleiben bis der Tod sie scheide.

Eines sei schade gewesen. Sie hätten es bedauert, daß die Gemeinde nicht teilgenommen habe. Sie gehörte doch eigentlich zu diesem Gottesdienst hinzu. Aber nur die Familien, die Freunde und die Bekannten seien dabei gewesen.

Können Sie, liebe Leserinnen und liebe Leser, verstehen, daß ich dem Kandidaten sagte, er hätte geradezu Idealtypisches berichtet, in aller Individualität gegenwärtig häufig Wiederkehrendes? Dies heißt nicht, daß es nicht ganz andere Erfahrungen mit Trauungen gibt, auch völlig andere Erwartungen an Trauungen. Aber was in dieser Theologengeschichte zum Ausdruck kommt, ist doch etwas, was heute gar nicht so selten ist. Theologinnen und Theologen sind offenbar auch nur Menschen. Menschen mit ihren Bedürfnissen, ihren Hoffnungen, ihren Wünschen, wie sie Pfarrerinnen und Pfarrern bei Trauungen und in Traugesprächen entgegentreten. Ich versuche im folgenden einiges aufzugreifen.

Erlebnisorientierung

Was ich aus der Perspektive des älteren Theologen erstaunlich finde ist dies, wie erlebnisfähig die jungen Menschen sind, wie der Traugottesdienst offensichtlich ganz stark emotional erfahren wird. Von meiner eigenen Trauung könnte ich dies nicht berichten. Eher Ängstlichkeit und Unsicherheit bestimmten meine Frau und mich: Werden wir denn alles richtig machen? Auch wir hatten schon den Ortspfarrer nicht als Prediger gewählt, getraut hatte uns der Patenonkel meiner Frau. Er hat ein Psalmwort eindrücklich ausgelegt. Wir sind da trotz allem nicht so recht vorgekommen, jedenfalls unsere eigene Geschichte nicht. Nur an eines kann ich mich erinnern, an eine große Überraschung bei der Trauung. Ein zufällig in dem Schwarzwaldort Ferien machender Kammersänger sang zwei Lieder der Sammlung Bach-Schemelli. In allem habe ich doch die Trauung ziemlich unterkühlt erlebt, doch sehr anders als der Kandidat bei der Prüfung. Eben deshalb scheint er mir für viele jüngere Leute nicht untypisch zu sein. Sie können ganz anders als die ältere Generation Feste erleben, sich an Darstellungen freuen, auch an Selbstdarstellungen. Lebensrituale sind für viele von ihnen wieder wichtig geworden, ganz anders als es etwa in den nachachtundsechziger Jahren der Fall war. Vielleicht hängt dies mit der allgemeinen Erlebnisorientierung unserer Gesellschaft zusammen, vielleicht auch damit, daß unser Leben auch das Fest braucht, die innehaltende Erinnerung, die Vergewisserung der Zukunft und darin die Eröffnung von Sinnhorizonten. Im April 1993 fand sich im neuen »Wiener« der Artikel: »Lebe wild und gefährlich!« Die These zum Thema Lebensrituale lautete: »Das Leben besteht aus lauter Übergängen und Krisen, die man ausleben und als Neuanfang nutzen muß. Das haben wir verlernt. Und jetzt fehlen uns dafür geeignete Rituale.« Der Artikel bleibt bei der These nicht stehen, vielmehr fordert er auf, eigenen Rituale und Initiationen zu erfinden. Dies sei deshalb nötig, weil die Übergangsrituale der Tradition, nämlich Kommunion, Uni-Abschluß, kirchliche Hochzeit u. a. schal geworden seien.
Damit ist bereits ein zweites Element angesagt, das sich im Bereich des Kandidaten ebenfalls findet. Rituale werden als Darstellungsformen verstanden, die, auch wenn sie auf Regelformen beruhen, also gewissermaßen Liturgien haben, einen hohen Anspruch an Individualität einlösen müssen. An welchen Merkmalen wird der Trend zur Individualisierung von Ritualen, insbesondere auch der Trend zur Individualisierung der Trauung, deutlich?

Ein Freund hätte sie getraut, berichtete der Kanditat im Examen. Wenn immer Paare einen ihnen bekannten Pfarrer ausfindig machen können, dann tun sie das. Der trauende Pfarrer oder die trauende Pfarrerin soll nicht nur Vertreterin einer kirchlichen Institution sein. Er soll bekannt, er soll vertraut sein, oder es soll sich zumindest die Imagination des Vertrauten ergeben. Vor etlichen Jahren wurde ich einmal darum gebeten, eine Trauung eines mir völlig unbekannten Paares zu übernehmen. Der Ehemann war Klassenkamerad meiner ältesten Söhne gewesen, so war ich ihm eingefallen. Damit ist zugleich ein Problem in großstädtischen Gemeinden angesprochen. Man kennt vielfach die Pfarrer gar nicht. Man sucht aber einen vertrauten Pfarrer, einen von dem man das Gefühl hat, er kenne einen persönlich.

Ein zweites aus der Kandidatengeschichte: Die beiden sind in den Herkunftsort der Braut gegangen, um Hochzeit zu halten. Dies hat manchmal ganz praktische Gründe, aber nicht immer nur praktische Gründe. Es geschieht auch aus dem Gefühl heraus, daß eine solch bedeutende Situation wie die Trauung erst recht in der Vertrautheit des Heimatlichen recht Gestalt gewinnen kann. Manchmal spielen Überlegungen eine Rolle, wie »Ich werde dann in einer Kirche getraut, in der ich auch konfirmiert bin, in der ich vielleicht sogar getauft wurde«. Gelegentlich geht die Anhänglichkeit noch weiter: »Ich werde in einer Kirche getraut, in der meine Eltern schon getraut wurden.« Man kann zur eigenen Herkunftsfamilie noch so sehr in Distanz gegangen sein, irgendwann und irgendwo gewinnen die Bindungen an die eigene Geschichte doch Bedeutung, vielleicht gerade angesichts ein solcher Situation, die die endgültige Trennung und endgültige Neuorientierung doch stärker zum Ausdruck bringt, als wir gelegentlich meinen.

Die Erwartung individueller Nähe bezieht sich aber nun gerade auch auf die Traupredigt. Belehrungen über den Sinn christlicher Ehe sind nicht gefragt, obwohl durchaus auch richtungsweisende Gedanken des Predigers oder der Predigerin als angemessen empfunden werden. Aber es muß eben eingefügt sein in ein Wissen um die Situation der Brautleute. Es ist für die beiden immer ein Erlebnis, wenn sie bei der Traupredigt wahrnehmen, daß die Predigerin oder der Prediger sie beim Traugespräch verstanden hat, etwas zum Ausdruck bringt, was auch im Horizont biblischen Redens auch für sie persönlich wichtig ist. Was die drei sich ausgedacht haben, nämlich daß ein Stück Lebensgeschichte erzählt wird, die Lebensgeschichte von beiden und dann ihrer beider Lebensgeschichte, ist eigentlich keine schlechte Idee. Man kann das nicht immer machen, nicht bei jedem Paar. Aber ein glückliches Zueinanderkommen als Gotteswunder zu verstehen, das zum Dank einlädt, dem kann man wohl Sprache leihen. Im Gebet, in Lesungen oder dann eben auch in der Predigt. Nicht zuletzt hier wird noch einmal deutlich, in welch hohem Maße die Brautleute selbst als einzelne im Mittelpunkt gesehen werden. Es geht um ihre Geschichte und um ihr Leben und um ihre Zukunft. Formeln reichen hier nicht aus; was sie sagen, muß von konkreten Lebensvollzügen her gefüllt sein.

Daß mit dem Individuellen auch das Soziale sich verknüpft, mag daran deutlich werden, wie wichtig bei den Trauungen auch die Freunde sind. Eltern und Geschwister gehören fast selbstredend dazu, so wird der Akzent im Erleben auf die Freunde gesetzt. Sie haben mitgewirkt, sie waren dabei, sollen dabei sein, es ist schön, mit ihnen zusammen zu feiern. Hier wird das integrative Element sichtbar, das Ritualen immer schon innewohnt. Zugleich wird an dieser Stelle etwas von dem sichtbar, daß Trauung und Eheschließung öffentliche Akte sind. Man braucht dies nicht rechtlich oder kirchenrechtlich auszulegen. Für die Öffentlichkeit, die hier gemeint ist, genügen schon der Freundeskreis oder die Familienverbände. Ehen sind nicht nur Privatsache. Gewiß nicht für alle, aber nach wie vor doch für viele Menschen heute. Die zuletzt gemachte Einschränkung ist im Sinne eines Zwischenrufes wichtig: Auch wo hier Sachverhalte geschildert werden, die wiederkehren, gelegentlich oder häufig sogar wiederkehren, kann es im konkreten Fall immer noch einmal ganz anders sein.

Zu dem oft überraschend Wiedergehörten gehört nun selbst dies, daß trotz der Scheidungsanfälligkeit der Ehe nicht wenige Paare sich Treue versprechen wollen, und zwar bis zum Zeitpunkt des Todes, der auch Ende der Ehe ist. Der Überschwenglichkeit ist zu wehren. Im Trauegespräch darauf hinzuweisen, daß es nicht leicht ist, gerade dieses Versprechen zu halten, scheint mir wichtig zu sein. Auch der Hinweis darauf, daß das Versprechen gegenwärtige Wahrhaftigkeit verlangt, Partner also nicht auf die Aussagen bei der Trauung ein für allemal »festgenagelt« werden können. Sie versprechen einander Treue im, wenn man so will, »Geltungsbereich« eines jetzt überschaubaren Lebenshorizontes. Daß sie einander aber diese Treue versprechen wollen, ist bedeutsam. Ich vermute, daß eine mitgedachte Trennung als bedrohend erfahren wird. Das Versprechen wird auch zum Versuch der Abwehr dieser Bedrohung, der Hoffnung auf Abwehr. Der Kandidat im Examen meinte, es sei seiner Frau und ihm wichtig gewesen, sagen zu können »Ja, mit Gottes Hilfe«. Ich vermute, daß nicht nur Theologen so denken, daß auch viele andere es so sagen könnten. Wenn im Trauegespräch das Wissen um die Bedeutung dieses Nachsatzes »mit Gottes Hilfe« vermittelt wird, hat es eine große Bedeutung.

Und die Gemeinde?

Nicht so recht deuten konnte ich die Enttäuschung: Die Gemeinde hat an der Trauung nicht teilgenommen, die Familie war unter sich. Hintergrund dieser Aussage könnte eine reale Enttäuschung sein: Warum sind die Leute zu unserem Fest nicht gekommen? Es könnte sich auch um eine theologi-

sche Aussage handeln: Eigentlich sind Traugottesdienste Gemeindegottes-
dienste. Ich hatte den Eindruck, daß der Kandidat in diese Richtung dachte.
In der Tradition der Dialektischen Theologie war dieses Argument gang
und gäbe. Doch sind Traugottesdienste wirklich Gemeindegottesdienste,
Gottesdienste der jeweiligen Ortsgemeinde, oder sind eine Familie und ein
Freundeskreis nicht auch Gemeinde als Teil einer Ortsgemeinde oder ein-
fach als Teil der Kirche? Für die volkskirchliche Mehrheit ist dies kein
Problem. Traugottesdienste sind Familiengottesdienste. Ich habe den Ein-
druck, es gibt gute theologische Argumente, dem zuzustimmen. Über
Jahrhunderte hinweg bildeten Familien und Häuser die Untereinheiten der
Gemeinde. In Diasporagebieten mit katholischer Mehrheit konnten evangelische Gemeinden gegründet werden, wenn eine bestimmte Anzahl von
Familien evangelisch war. Überall wird heute vom Rückgang der Bedeutung der Familie für die religiöse Sozialisation der Kinder gesprochen. Ihre
Funktion in dieser Hinsicht ist schwächer geworden. Aber nach wie vor
sind Familientraditionen in religiöser Hinsicht höchst prägend, selbst für
diejenigen, die sich als religiöse Individualisten verstehen. Dies ist vermutlich der Grund, warum man sich ganz gerne in der Gemeinde trauen läßt, in
der man die Kindheit erlebt hat, eingebunden in eine Familientradition.
Wo dies nicht möglich ist, wird tendenziell öfters auf die Trauung ganz allgemein verzichtet.
Ich kann nicht oft genug betonen, der Einzelfall kann immer noch ganz
anders sein. Auch von unterschiedlichem regionalen Herkommen geprägt
kann die Situation der Trauung anders sein. So sollen meine Beobachtun-
gen nicht dazu anleiten zu sagen: So ist es. Sie wollen vielmehr den Blick
dafür schärfen, das Individuelle zu berücksichtigen.

Regelform und Freiheit

Der »Wiener« ist für Leute geschrieben – man muß inzwischen schon sagen
er »war« für Leute geschrieben, weil er inzwischen sein Erscheinen eingestellt hat –, die individuell ihr Leben gestalten wollen. Selbst die Rituale sollen individuell erfunden werden, so lautete seine These. Es kann immer
noch einmal ganz anders kommen, als man von solchen Überlegungen her
denkt. Vor wenigen Wochen habe ich ein Theologenehepaar getraut. Vor
dem Traugespräch hatte ich angenommen, daß sie die Ordnung der Trauung ganz individuell gestalten sehen möchten. Und dann teilten sie mir mit,
sie wollten einfach die Regelform der Trauung, man könne nicht immer
Rituale neu gestalten. Ich als Pfarrer sollte die Trauung halten. Auch dies
gibt es, nur darf darüber keiner sich einer Täuschung hingeben: Die Regelform der Trauung wurde nicht gewählt, weil dies kirchliche Ordnung war.
Die Regelform der Trauung wurde als höchst individuelle Entscheidung
verlangt. Es gibt also auch einen höchst individualistischen Rückgang zur
Konvention und zum Ritual als geregelter Form symbolischen Redens und

Handelns. Ich vermute, daß die vom mir gemachte Erfahrung für das pastorale Handeln nicht unwichtig ist. Zur Regelform kann zurückgekehrt werden, wenn sie in Freiheit gewählt werden kann. Dies allerdings muß möglich sein.

Eine Schlußbemerkung soll sich auf die Praxis von Ortspfarrerinnen und Ortspfarrern beziehen: Was tun, wenn Paare getraut sein wollen, die den Pfarrer oder die Pfarrerin nicht kennen bzw. umgekehrt? Ich würde mir allem zuvor zunächst die Lebensgeschichten der beiden erzählen lassen und dann ihre Begegnungsgeschichte. Wahrscheinlich würde ich ihnen auch etwas von mir selbst erzählen.

Dann würden wir zusammen den Traugottesdienst gestalten. Im Blick auf die Predigt würde ich sagen:»Ich kann nicht alles aufnehmen, was Ihnen wichtig ist. Was ich sage und wie ich das Bibelwort auslege, muß auch ›durch mich hindurch‹«.

Ich stelle mir vor, es gibt Fälle, wo dies alles nicht möglich ist. Predigten aus solchen Trauungen werden in der Regel nicht in Bücher, die Traupredigten dokumentieren, eingehen. Aber doch ergeben sich auch in solchen Situationen immer wieder Hinweise darauf, was einem Paar oder einer Familie wichtig ist. Hinweise vielleicht darauf, wovor die Brautleute Angst haben, was nicht sein darf, auch nicht ausgesprochen werden sollte. Mit solchen Situationen umzugehen, erfordert fast mehr Weisheit als mit jenen anderen umzugehen, im Blick auf die (wie der Kandidat es getan hat), gesagt werden kann:»Unsere Trauung war ein Erlebnis«.

Gottesdienste

Trauung mit Symbolen

Rolf Heinrich

Homiletische Vorüberlegung

Das Neue Testament gibt keine Anweisungen für die Eheschließung. Im römischen Recht stand von alters her die Willenseinigung der Brautleute im Mittelpunkt, was das Getrautwerden durch einen Dritten ausschloß. Im deutschrechtlichen Bereich spielte die Übergabe der Braut durch den geborenen Vormund oder einen von dem Brautpaar Beauftragten die entscheidende Rolle. Genuin kirchliches Handeln zum Anlaß der Hochzeit war Lebens- und Wegbegleitung der Brautleute. Wenn von christlicher Existenz in biblischen Traditionen die Rede ist, dann taucht immer wieder das Bild des Weges auf, der Gedanke des Aufbruchs, des Neuanfanges und der Begleitung: In diesem Sinne stehen Fürbitte, Segnung, Trost und Ermahnung im Sinne der wenigen biblischen Weisungen zur Ehe im Mittelpunkt des kirchlichen Handelns zur Hochzeit. Deshalb läßt Luther die Konsenserfragung noch vor der Kirchentür geschehen (Traubüchlein von 1529). Wenn die Begleitung von Menschen auf einem Stück ihres Lebensweges im Mittelpunkt der Trauung steht, dann spielen die Erwartungen, Wünsche, Hoffnungen und Ängste der Brautleute, der Familie, der Freunde und der Gemeinde eine wichtige Rolle. In den Trauegesprächen versuche ich diesen Erwartungen und Ängsten auf die Spur zu kommen und für sie ein Symbol – gemeinsam mit den Eheleuten – zu finden, in dem auch Unausgesprochenes und das Geheimnis der Liebe seinen Platz finden kann. Wegbegleitung bedeutet auch, daß theologisch nichts dagegen spricht Paare zu begleiten, die ohne rechtsgültige Trauung zusammen leben wollen. Für die Begleitung auf dem Lebensweg sind nicht nur Worte, Begegnungen und Menschen bedeutend, sondern auch Orte, Räume, Stile, Rituale, Ambiente und Accessoires. In der protestantischen Tradition wurden Räume als wahrnehmungs- und erkenntnisfördernde Vergegenständlichungen lange vernachlässigt. Inhaltlich wichtig ist, ob die Trauung im Kreis oder in Kirchenbänken, in denen Menschen hintereinander sitzen, ob sie in der Kirche, im Haus, im Garten oder gar am Strand stattfinden soll. Der Raum, die Sitzordnung, der Blumenschmuck und die Gestaltung des Programmblattes mit Gebeten und Liedern, all das spiegelt Inhalte wider und beeinflußt die Verkündigung durch Worte. Deshalb werden auch diese »äußerlichen« Dinge und die dahinter verborgenen Sehnsüchte und Ängste im Trauegespräch angesprochen.

Mögliche Symbole

Haus (Gemeinde, Ehe als Haus): Mt 5; Mt 7,24–29. Anregungen in: Carlos Mesters, Vom Leben zur Bibel von der Bibel zum Leben. Ein Bibelkurs aus Brasilien für uns, Mainz/München, Bd. 2, 1983, S. 15–18

Brot und Salz: Mt 5,13; Lev 2,13 (Bund Gottes mit den Menschen als Salzbund)

Licht: Mt 5,14; Lk 11,34–36

Regenbogen: Gen 9,13 ff.

Ring/Kreis (Kranz, Krone des Lebens)

Lieder, Gebete, Ansprache und Gestaltung des Raumes werden – wenn möglich – auf das gewählte Symbol abgestimmt.

Wenn das Paar es wünscht, wird die *Trauung mit Abendmahl* gefeiert. Brot und Wein werden von den Trauzeugen mitgebracht (u. U. selbstgebackenes Brot). Brot wird in Körben und Wein in getöpferten Bechern durch die Reihen gereicht.

Gottesdienstverlauf

Begrüßung mit Händereichen
Wir sind hier zusammengekommen, weil uns daran liegt, daß Ihr Zusammenleben gelingt. Wir wollen bedenken, was christlicher Glaube heute für eine Lebensgemeinschaft bedeuten kann. In dieser Stunde soll zum Ausdruck kommen, was im Sinne Jesu über Liebe gesagt werden kann.
Ich reiche dem Menschen neben mir meine Hand und fühle mich mit ihm verbunden.
Ich gebe mich in die Hand des Menschen neben mir.
Ich nehme an seinem Leben teil. Ich teile mit ihm Freude und Leid.
Ich wünsche uns allen, daß wir uns anrühren lassen von dem, was den anderen betroffen hat.
Ich wünsche uns allen, daß wir es erleben, so wie wir jetzt untereinander verbunden sind, daß wir so zueinander halten und miteinander leben.
Eine Hand liegt in deiner Hand und sie spürt den Halt.

Lied
»Einander brauchen mit Herz und Hand«, O. Herlyn, in: Mein Liederbuch für heute und morgen, tvd-Verlag, Düsseldorf, C 11;
»Herr, deine Liebe ist wie Gras und Ufer«, E. Hansen, in: Mein Liederbuch für heute und morgen, B 14, 1+2
»Wenn das Brot, das wir teilen, als Rose blüht«, C. P. März, in: ... und richte unsere Füße auf den Weg des Friedens. Liederbuch der Oekumenischen Versammlung Westfalen, 1988, München, 44.

Gebet
Jesus, du bist gegenwärtig in jedem guten Wort, das mich tröstet und schützt.
Du bist die Hand auf meiner Schulter, die mich liebevoll zurechtweist, wenn ich falsche Wege gehe.
Du bist die Hand auf meiner Schulter, die mir immer wieder Mut zum Leben macht.
Jesus, du bist gegenwärtig in dem Mund, der mich mit Liebe küßt.
Du bist die Wärme meines Herzens, die ich in der Umarmung fühle.
Jesus, wo deine Liebe im Herzen der Menschen wohnt, da können Menschen sinnvoll über dich sprechen und einander verstehen.

Lied
»Ich möcht', daß einer mit mir geht«, in: Mein Liederbuch für heute und morgen, B 4
»Liebe ist nicht nur ein Wort«, in: Mein Liederbuch für heute und morgen, B 51 auch in: »Neue Geistliche Lieder III«. BE 809, Regensburg, Bosse-Verlag

Lesung
(Freie Übertragung von Römer 12,1–3,9–13)
Christliche Verantwortung sagt uns: Setzt euch mit allen Kräften dafür ein, daß sich eure Liebe zueinander auswirkt. Das ist sinnvoller Gottesdienst. Laßt euch nicht von dem bestimmen, was man so allgemein denkt und tut, sondern werdet anders durch neues Denken und ergründet, worin sich eure Liebe erweist, was euch weiterhilft, was dem Leben gerecht wird und zu einem guten Ende führt.
Die Einsicht, die zu diesem Leben befähigt, sagt uns: Kein Mensch sollte so eingebildet sein, sich alles allein zuzutrauen, sondern jeder soll ehrlich sein gegen sich selbst und sich auf das besinnen, was die Liebe von ihm fordert. Christliche Liebe heißt, daß wir uns wirklich füreinander einsetzen, anstatt viele Worte darüber zu machen. Setzt euch nicht rücksichtslos durch, nutzt euch nicht gegenseitig aus, sondern seid auf das bedacht, was für den anderen gut ist. Wendet euch einander in herzlicher Liebe zu, und behaltet Achtung voreinander. Habt Vertrauen zu dem Geist, der euch zusammenführt. Dann ist euer Leben von eurem Glauben bestimmt. Darin liegt auch eure Hoffnung. Freut euch darüber und haltet euch daran bei allem, was euch den Mut nehmen könnte. Überdenkt euren Tag im Blick auf das, was zu tun nötig ist. Seid nicht nur im vertrauten Kreis füreinander da, sondern seid offen für alle Menschen, die euch begegnen und euch brauchen.

Zustimmung
Nachdem Sie gehört haben, was im Sinne Jesu über Liebe gesagt werden kann, frage ich Sie,
N. und N.N.
wollen Sie in diesem Sinn Ihre Ehe führen – in allem, was sie Ihnen bringen wird?
Eheleute (nacheinander): Ja

Ringwechsel
Reichen Sie einander die Trauringe!

Reichen Sie einander die rechte Hand.
(Pastor legt seine Hand auf die Hände des Paares)

Wie schön ist es, sich kennenzulernen und zu erleben, daß man zueinander paßt.
Wie schön ist es, aneinander Entdeckungen zu machen und füreinander Verständnis zu gewinnen.
Was für ein Erlebnis ist es, offen miteinander reden zu können.
Wenn Sie das in der Ehe erleben, dann werden Sie zusammenleben solange, wie die Liebe Ihre Ehe trägt.

Segen
Gott behüte alles, was wachsen will,
und begleite Sie mit einer Liebe,
die trägt und fordert.
Gott schenke Ihnen Tapferkeit nach versagten Träumen
und aufmerksame Augen für gewährtes Glück.
Gott bewahre Ihnen neue Gemeinsamkeit und lasse zu,
daß sich aus ihr neue, eigene Kräfte entfalten.
Gottes Liebe segne und begleite Sie.

Lied
»Ich möchte Hoffnung sein«, in: Kirchentagsliederheft 83, Umkehr zu Leben, Nr. 711
»Du bist da, wo Menschen leben«, in: Kirchentagsliederheft 83, Nr. 699

Versprechen der Gemeinde
Frau und Herr N. haben versprochen, sich auf ihren Lebenswegen zu begleiten und alles miteinander zu teilen, was sie zum Leben brauchen. Aber sie leben nicht alleine, sie haben Eltern, Verwandte und Freunde, sie leben in einer Gemeinschaft und Gemeinde. Jedes Paar weiß, wie wichtig es sein kann, Menschen außerhalb der Ehe zu suchen und zu finden, die sie unterstützen und begleiten, wenn sie Hilfe und Unterstützung brauchen. Deshalb möchte ich Sie alle, die Sie heute bei der Trauung dabei sind, bitten, diesem Paar auch etwas zu versprechen, daß Sie sie begleiten und unterstützen wollen, wenn sie Ihre Hilfe brauchen.
Dieses Versprechen wollen wir gemeinsam ablegen, indem wir ein Gebet im Wechsel sprechen:

Einer: Ich wünsche mir einen Menschen, der mich an die Hand nimmt, wenn ich unsicher bin und der mich wieder losläßt, wenn ich meinen Weg gefunden habe.

Alle: Gleich neben mir steht einer, der mich liebt und mich und dich, gleich neben mir.

Einer: Ich wünsche mir Menschen, die mir meine Freude und meine Angst von den Augen ablesen können.

Alle: Gleich neben mir steht einer, der sich freut, für mich und dich, gleich neben mir.

Einer:	Ich wünsche mir Menschen, die mich so lieben wie ich bin, die ganz einfach froh sind, weil ich da bin und daß es mich gibt.
Alle:	Gleich neben mir steht einer, der hofft, für mich und dich, gleich neben mir.
Einer:	Dort, wo ein Mensch den anderen Menschen liebt, fällt ein Tropfen von dem Regen, der aus Wüsten Gärten macht.
Alle:	Gleich neben mir steht einer, der mich liebt, dich und mich, gleich neben mir.

Abendmahl

Gebet

Jesus verheißt uns Menschen, die uns annehmen. Nicht nur in den Stunden der Zärtlichkeit und Freude, sondern auch in unserer Fremdheit und unserem Versagen.

Jesus verspricht uns Menschen, zu denen wir nach Hause kommen können, wenn wir beschwert sind von Mißerfolgen und Niederlagen.

Jesus verheißt uns Menschen, die uns verstehen, auch wenn sie unser Verhalten nicht gutheißen können.

Jesus verspricht uns Menschen, die aufrichtig ihre Überzeugung sagen und uns dabei ihre Liebe spüren lassen, so daß wir befreit werden zur Änderung unseres Lebens und für einen neuen Anfang.

Jesus verheißt uns Menschen, die uns herausfordern zum Mitleiden mit allen Menschen, auch jenen, die schwach und verachtet sind.

Jesus verspricht uns Menschen, die nicht zu stolz sind, für ihr Leben und ihre Gemeinschaft mit den Menschen dankbar zu sein.

Segen

Sanftmut den Männern.
Großmut den Frauen.
Liebe uns allen,
weil wir sie brauchen.
Flügel den Lahmen.
Lieder den Stummen.
Träume uns allen,
weil wir sie brauchen.
Ehrfurcht den Starken.
Mut den Gejagten.
Frieden uns allen,
weil wir ihn brauchen.
Jesus, berühre uns im Kommen und im Gehen.
Jesus, belebe uns im Schaffen und im Träumen.
Jesus, behüte uns im Wachen und im Schlafen.
Jesus, segne dieses Paar, uns und unsere Zeit.

Lied
»Komm Herr segne uns«, in: Mein Liederbuch für heute und morgen, tvd-Verlag, Düsseldorf, B 84
»Bewahre uns Gott«, in: 111 Lieder für Kirchentage, Ruhrgebiet, 1991, 8

Ansprache zum Symbol »Brot und Salz«
(als Beispiel)

Liebe Frau N., lieber Herr N. N., liebe Eltern, Verwandte und Freunde dieses Paares, liebe Gemeinde!
Sie beide haben sich während Ihres Studiums kennengelernt, Sie haben sich lieben gelernt und miteinander über Ihre Gefühle und Gedanken gesprochen. Seit 7 Jahren kennen Sie sich. Sie haben festgestellt, daß Sie zueinander passen und Sie leben zusammen, weil Sie sich lieben. Ich denke, das ist das Entscheidende: Ihre Liebe zueinander. Ich wünsche Ihnen, daß diese Liebe stärker ist als alles, was Sie im Laufe Ihres Zusammenlebens auch an Schwierigkeiten und Krisen durchstehen müssen.
Heute wollen Sie mit Eltern, Freunden und Verwandten Ihren Entschluß zusammen zu leben feiern. Feiern, das heißt, seine Freude mit anderen teilen, erfahren, daß gute Wünsche Sie auf Ihrem Lebensweg begleiten.
Für das Zusammenleben der Menschen gibt es Zeichen. Meine Wünsche für Sie möchte ich an zwei uralte Zeichen binden, an etwas, das früher jedem Paar zur Hochzeit geschenkt wurde:
Ein in unserer Gemeinde für Sie gebackenes Brot und Salz.
Das Brot ist Zeichen für das Teilen. So wie Sie dieses Brot Scheibe für Scheibe teilen, so werden Sie ihre Gedanken, Ihre Freuden und Sorgen, Ihre Unruhe und Ängste miteinander teilen.
Einen Menschen lieben, das heißt, mit ihm teilen: Einkommen und Geld, aber auch Freude und Leid, Aufgaben und Glück. Wenn ein Mensch sich freut, so kann er diese Freude erst richtig genießen, wenn er sie mit einem anderen Menschen teilen kann. Wenn ein Mensch traurig ist und er kann diese Trauer mit einam anderen teilen, so wird die Trauer leichter getragen. Jeder von uns braucht Menschen, denen er vertrauen kann, die sanft mit ihm umgehen. Jeder braucht einen Menschen, der ihn immer wieder ermutigt, mit dem sich auch Probleme leichter tragen lassen. Mit einem Menschen teilen, das bedeutet auch, ich versuche, den anderen so anzunehmen, wie er ist, mit seinen starken und schwachen Seiten. Das heißt für mich, auch zugeben zu dürfen, wie schwer es oft ist, einen Menschen so anzunehmen wie er ist. Ich wünsche Ihnen, daß Sie das erleben: Ich werde geliebt wie ich bin. Ich muß meine Schwächen nicht verheimlichen, denn geliebt wirst Du einzig da, wo Du Schwächen zeigen darfst. »Ich habe eine Schwäche für Dich«, sage ich zu einem Menschen, den ich liebe.

Das Brot ist Zeichen für das Teilen. Mit einem Menschen teilen, alles, was ein Mensch zum Leben braucht, auch Gedanken und Gefühle, ich denke, das hat eine Grenze. Sie haben im Traugespräch gesagt: Wer den anderen liebt, der läßt ihn gelten so wie er ist, wie er gewesen ist und wie er sein wird. Jeder von Ihnen bleibt ein eigenständiger Mensch, vielleicht mit seinen innersten Geheimnissen. Deshalb wünsche ich Ihnen, daß Sie sich etwas fremd bleiben, daß Sie sich ändern durch Ihr Zusammenleben, daß Sie auch noch überrascht werden können von Ihrem Partner und Ihrer Partnerin, daß nicht alles gesagt werden muß und daß es auch persönliche Geheimnisse geben darf, die vom Partner respektiert werden.

Miteinander teilen, das bedeutet, partnerschaftlich miteinander leben: Partner sein, nicht Besitz. Partner sein und nicht Anhängsel. Partner sein und nicht Schatten. Partner sein, sich mitteilen und die Freiheit nicht verlieren. Partner sein und Gemeinschaft gewinnen.

Miteinander leben, miteinander teilen, das bedeutet, Verpflichtungen und Aufgaben gemeinsam tragen. Jemand hat einmal gesagt: Einen Menschen lieben, das heißt, nicht nur ihn ansehen, sondern gemeinsam auf etwas Drittes sehen. Wenn ich einen Menschen liebe, dann sehe ich ihn an und entdecke in seinen Augen, in seinem Mienenspiel und seinen Gebärden, daß er mich liebt. Hier aber wird gesagt, einen Menschen lieben, das bedeutet, nicht nur ihn ansehen, sondern beide blicken gemeinsam auf das Dritte, das sie verbindet. Das können Menschen sein, die Ihnen begegnen und die sie brauchen. Das können gemeinsame Interessen, Aufgaben und gemeinsame Verantwortung sein. Das können Kinder sein und die Überlebensfragen unserer Zeit.

Das zweite Zeichen für Ihr Zusammenleben, das ich Ihnen schenken möchte, ist ein Beutelchen Salz. Der Bund Gottes mit den Menschen wird auch Salzbund genannt. Christen werden das Salz der Erde genannt. Salz konserviert und erhält. Einen Menschen lieben, das bedeutet, sich vorstellen zu können, gemeinsam mit ihm alt zu werden. Ich wünsche Ihnen, daß Sie sich vorstellen können, gemeinsam alt zu werden und daß Ihre Ehe hält, daß sie zusammenbleiben.

Salz konserviert aber nicht nur, es macht Speisen würzig. Ich wünsche Ihnen, daß Sie überrascht werden durch Ihr Zusammenleben, neue, bisher unbekannte Seiten am Partner und der Partnerin entdeckt, daß Sie sich ändern können durch Ihr Zusammenleben, daß es nicht langweilig, sondern spannend bleibt. Ich wünsche Ihnen, daß Sie so miteinander streiten können, indem Sie dem Partner das Gefühl geben, auch wenn ich jetzt mit Dir streite, ich liebe Dich im Grunde doch wie Du bist und nicht nur so, wie ich Dich haben möchte. Salz beißt und tut manchmal weh, auch das gehört zum Zusammenleben, daß es manchmal weh tut. Ich wünsche ihnen, daß dann einer den anderen nicht fallen läßt.

Liebe Frau N., lieber Herr N. N., daß gerade Sie beide sich lieben, daß gerade Sie beide zusammen leben, das bleibt auch ein Geheimnis, das nicht in Worte und auch nicht in Zeichen und Symbole zu fassen ist. Es muß nicht alles ausgesprochen und gesagt werden. Liebe ist nicht planbar, nicht berechenbar und erst recht nicht herstellbar. Sie bleibt wie der Glaube und wie Gott selbst letztendlich ein Geheimnis.

»Wachsen und überreich werden«

Renate Stein

Die Namen und Orte sind verändert.

Orgelvorspiel

Begrüßung
Liebe Katrin, lieber Michael, in diesem Gottesdienst wollt Ihr Eure Liebe feiern, sie vor Gott und den Menschen bekennen und Gott um seinen Segen für Eure Ehe bitten. Viele sind hierhergekommen, um mit Euch zu feiern: Eltern, Verwandte, Freunde, Bekannte und sicher auch etliche Gemeindeglieder aus Deiner Heimatgemeinde, Katrin, hier in Lippstadt. Euch und Sie alle begrüße ich ganz herzlich zu diesem Traugottesdienst. Noch ein Hinweis: Während des Gottesdienstes sollte nicht fotografiert werden.

Laßt uns nun beginnen mit dem *Lied:* Sei Lob und Ehr dem höchsten Gut.

Eingangswort
Unser Anfang und unsere Hilfe stehen im Namen Gottes, der Himmel und Erde gemacht hat, der Bund und Treue hält ewiglich und der nicht preisgibt das Werk seiner Hände. Amen.
Jauchzet dem Herrn, alle Welt.
Dienet dem Herrn mit Freuden.
Kommt vor sein Angesicht mit Frohlocken.
Erkennet, daß der Herr Gott ist.
Er hat uns gemacht und nicht wir selbst zu seinem Volk und zu Schafen seiner Weide.
Gehet zu seinen Toren ein mit Danken, zu seinen Vorhöfen mit Loben.
Danket ihm, lobet seinen Namen, denn der Herr ist freundlich, und seine Gnade währet ewig und seine Wahrheit für und für.
Ehr sei dem Vater...

Laßt uns beten
Barmherziger Gott, die Liebe wollen wir feiern und Dir danken, daß Katrin und Michael einander gefunden und liebengelernt haben. Aber wir alle wissen auch um die Gefährdungen der Ehe und um die Unvollkommenheit menschlicher Liebe. Darum bitten wir Dich für Katrin und Michael: Sprich Du heute Dein Ja zu ihrem Ja. Stärke und bewahre ihre Liebe, und laß sie wachsen in den Jahren ihrer Ehe – die Liebe zueinander, zu Dir und zu den Menschen.
In Jesus Christus, Deinem Sohn, hast Du uns gezeigt und vorgelebt, was vollkommene Liebe ist. Um seinen Geist bitten wir Dich für diese Ehe und für uns alle. Amen.

Chor

Traupredigt
Text: 1. Thessalonicher 3,12

Liebe Katrin, lieber Michael, liebe Hochzeitsgemeinde,
Ihr feiert Hochzeit – und wir mit Euch. Mit Euch danken wir Gott, daß Ihr einander gefunden und liebengelernt habt. In diesem Gottesdienst wollt Ihr's vor Gott und den Menschen bekennen, was Ihr selbst ja schon länger wißt und was Ihr vorgestern auf dem Standesamt vor wenigen Zeugen bekundet habt: daß Ihr zusammen leben und Euer Leben dauerhaft teilen wollt. Ihr habt das ja sehr schön auch in Eurer Hochzeitsanzeige zum Ausdruck gebracht (zeigen) MK – Michael und Katrin – nicht mehr voneinander zu trennen, sondern in der Mitte fest zusammengeschweißt. Nicht mehr zwei, sondern eins.
Eins zu werden, ganz mit einem anderen Menschen zu verschmelzen, das ist ja wohl die tiefe Sehnsucht der meisten Menschen. Wir suchen den Traummann, die Traumfrau, der bzw. die diese Sehnsüchte erfüllt. Aber wenn man, wie Ihr beide, einigermaßen nüchtern veranlagt ist, sich Rechenschaft ablegt über die eigenen Gefühle und Erfahrungen und nicht gleich mit 18 vor den Traualtar tritt, dann zeigt sich irgendwann: Der Traummann, die Traumfrau und das totale Verschmelzen mit einem anderen Menschen, und sei er einem noch so nah, sind eine Illusion. Ihr beide habt – auf unterschiedliche Weise – diese Erfahrung gemacht, habt Abschied genommen vom Märchenprinzen, der Märchenprinzessin und seid heute hier als zwei nüchterne und dennoch glückliche Leute, die erkannt haben, daß die Ehe ein Wagnis ist, und die dennoch dieses Wagnis eingehen wollen.
MK – Michael und Katrin, nicht eins, sondern zunächst und vor allem einmal zwei sehr unterschiedliche Menschen. Beide, zum Glück, noch deutlich als einzelne erkennbar, auch wenn sie in der Mitte zusammenge-

schweißt sind – so möchte ich eigentlich die graphische Gestaltung Eurer Hochzeitskarte deuten.

So ist dies also keine Traumhochzeit, auch wenn gewiß der eine oder andere Traum damit in Erfüllung geht, etwa für Dich, Katrin, indem Du hier, in Deiner Heimatkirche in Lippstadt, die Dir seit Deiner Kindheit vertraut ist, heiratest. Keine Traumhochzeit also, nicht in Weiß und mit Hochzeitskutsche, sondern im nicht weniger schönen, wie ich finde, aber doch etwas wirklichkeitsnäheren und auch im späteren Alltag oder besser Feiertag noch brauchbaren Türkis.

Etwas von der Nüchternheit, die zwar von Liebe spricht, aber nicht das totale Verschmelzen oder den Überschwang von Gefühlen meint, etwas davon kommt auch zum Ausdruck in dem Trauspruch aus dem 1. Thessalonicherbrief, den Ihr Euch ausgesucht habt. Da heißt es:

»Euch aber lasse Gott wachsen und überreich werden in der Liebe zueinander und zu allen Menschen.«

Das ist ein Wort nicht nur für diesen Tag der Hochzeit, sondern ein Wunsch für das ganze gemeinsame Leben, das vor Euch liegt.

Wachsen in der Liebe – das ist das erste, was mir an diesem Wort auffällt und was auch Euch daran wichtig war. Daß die Liebe wachsen kann und soll, heißt doch zuerst: Sie ist kein Fertigprodukt. Sie ist nicht einfach da und bleibt nun so, und Ihr seid glücklich damit – das wäre ja wohl auch furchtbar langweilig. Nein, wo Liebe ist, da ist Bewegung und Veränderung, und da geht es um viel mehr als nur um Gefühle. Martin Buber sagt es so: *»Gefühle begleiten das Faktum der Liebe, aber sie machen es nicht aus. Gefühle werden gehabt, die Liebe geschieht.«*

Allerdings – der Begriff des Wachstums ist ja sehr mißverständlich und gerade in unserer Zeit alles andere als unproblematisch. Die Art von Wachstum, die gerade in der letzten Woche erst wieder auf dem Weltwirtschaftsgipfel in Tokio durch die sogenannte G-7-Initiative propagiert wurde, ist hier ganz sicher nicht gemeint, denn bei dieser Art von Wirtschaftswachstum wird ja zunehmend deutlicher, daß es Zeichen eines kranken Systems ist, bei dem immer mehr Menschen auf der Strecke bleiben. Es ist ein lineares Wachstum, nur auf Produktivität hin ausgerichtet. Da geht es um immer mehr Haben, und heraus kommt immer weniger Sein. Und es wäre fatal, wenn Ihr das Wachstum Eurer Liebe so linear verstehen würdet. Das hieße dann: Es muß alles immer toller und immer besser werden: die Sexualität, das Verständnis füreinander, die Übereinstimmung von Gedanken und Meinungen. Diese Art von Wachstum aber wäre nur auf Symbiose, auf Verschmelzung ausgerichtet. Symbiose aber ist letztlich der Feind der Liebe, denn mindestens einer von beiden bliebe dabei auf der Strecke (ähnlich wie bei der Fusion großer Firmen, wo zwar der Umsatz gesteigert wird, aber eine Firma und damit viele Arbeitsplätze gehen dabei verloren).

Wie aber kann das Wachsen der Liebe dann aussehen? Dir, Katrin, ist dazu das Bild von einem Baum eingefallen. Ein junger Baum wächst wohl zuerst in die Höhe, und so war es sicher auch, als Ihr beide Euch vor viereinhalb Jahren in Heidelberg kennengelernt habt und Du, Katrin, schon wenige Wochen später das Gefühl hattest: Dieser Michael wird mein Mann. Allerdings geriet das Wachsen des jungen Liebesbaumes ja dann ein bißchen ins Stocken, denn es brauchte erst einmal ein Dreiviertel Jahr Überzeugungsarbeit von Dir, Katrin, bis auch Du, Michael, Katrins Gefühle aus vollem Herzen erwidern und Dich nun ganz auf diese Beziehung einlassen konntest. Ihr beide empfandet dann das Gefühl einer großen Vertrautheit miteinander, und es war eine beglückende Erfahrung, diese Vertrautheit, Gemeinsamkeiten zu entdecken und zu erleben – der Baum wuchs in die Höhe. Aber dabei ist es nicht geblieben. Ein Baum wächst dann auch in die Breite, verästelt sich, bekommt Zweige nach allen Seiten, und seine Wurzeln werden größer und graben sich tiefer ins Erdreich. Auch davon habt Ihr schon etwas erfahren in diesen zurückliegenden Jahren. Ganz in den Anfang Eurer Beziehung fiel Michaels erstes Examen, und diese Streßzeit war ja gleich auch eine Prüfung für Eure junge Liebe. Nachdem Ihr dann nur einen Monat lang Eure Liebe streßfrei genießen konntet, ging Michael für knapp ein Jahr ins Auslandsvikariat, und für Dich, Katrin, kam in dieser Zeit das Examen. Und das war ganz schön hart, begleitet von Fragen wie dieser: Warum muß Michael ausgerechnet jetzt so weit weg sein? Hätte er nicht um meinetwillen auf dieses Vorhaben verzichten können?

Aber es hat sich erwiesen, daß diese Zeit der Trennung für Euch eine besonders wichtige Zeit war, eine Zeit, in der der Baum Eurer Liebe in die Breite gewachsen ist und Wurzeln geschlagen hat. Ihr habt trotz der großen Entfernung Eure Verbundenheit ganz anders und ganz neu erlebt, und Ihr habt in dieser Zeit schon ein wenig gelernt, in Eurer Beziehung das rechte Verhältnis von Nähe und Distanz zu finden. Eure Liebe ist gewachsen, indem jeder einzelne von Euch gewachsen ist – der Baum hat sich verästelt.

Diese Verästelung, und das ist der zweite Aspekt Eures Trauspruchs, betrifft aber nicht nur Eure Zweierbeziehung. *»Euch aber lasse Gott wachsen und überreich werden in der Liebe zueinander und zu allen Menschen.«* Nicht von ungefähr steht beides, die Liebe zueinander und zu allen Menschen hier in engem Zusammenhang. Wo wirklich Liebe wächst zwischen zwei Menschen, zwischen Ehepartnern, und nicht nur Selbstverliebtheit, da hat das Auswirkungen auch auf die Umgebung, auf die Einstellung und das Verhalten gegenüber den Menschen, mit denen Ihr zusammen lebt, die Euch in Eurem beruflichen und privaten Alltag begegnen. Denn Liebe ist ja ihrem Wesen nach nicht egozentrisch, kreist nicht um sich selbst, auch nicht um die eigene Zweierbeziehung, sondern sie hat etwas mit Fülle, mit Überströmen, mit Aus-Sich-Herausgehen zu tun, so wie das ja auch in Eurem Trauspruch zum Ausdruck kommt: *»wachsen und überreich werden«* sollt Ihr in der Liebe. Wer überreich ist, mehr als genug hat, der kann auch abgeben an andere.

Nun hört sich das ja theoretisch ganz gut an, aber wir alle wissen, und Ihr beide wißt, wie schwer das in der Praxis ist, alle Menschen oder wenigstens die im eigenen Lebensumfeld zu lieben.

Ihr beide werdet bald Pfarrer und Pfarrerin sein und damit sozusagen von Berufs wegen zuständig für die Nächstenliebe. Man erwartet ja von uns – auch bei sinkender Bedeutung der Kirche – doch immer noch, daß wir die Liebe auch leben, die wir predigen, und das ist ja alles andere als leicht, wenn man an schwierige Gemeindeglieder und manchmal auch recht schwierige Kollegen denkt. Da aber kann und soll die Ehe, Eure Ehe, der erste Ort, sozusagen ein Übungsfeld für die Liebe zu allen Menschen sein. In Eurem Zusammenleben könnt Ihr erfahren und lernen, was es heißt, geduldig, verständnisvoll und vergebungsbereit zu sein, und das ist ja auch in der Ehe keineswegs immer leicht, besonders, wenn man genervt ist von den Schwächen des anderen. Etwa, wenn Du, Katrin, daran knackst, daß Michael mal wieder berufliche Pflichten wichtiger nimmt als Eure Beziehung oder daß er sich nicht entscheiden kann und umgekehrt, wenn Du, Michael, erlebst, daß Katrin Dich zu arg klammert oder zu harmoniesüchtig ist oder auch wenn sich durch Euer beider Perfektionismus im Beruf heimlich Konkurrenzgefühle einschleichen und die Frage: Wer von uns ist besser? An all solchen Punkten wird sich Eure Liebe bewähren müssen, und gerade daran kann Eure Liebe zueinander wachsen, aber eben auch die Liebe zu allen Menschen; die Fähigkeit, andere Menschen mit ihren Schwächen anzunehmen und besser zu ertragen. Das alles könnte jetzt klingen und mißverstanden werden wie ein Lernprogramm, das Ihr durchackern müßt, um das Lernziel zu erreichen. Bisher war das, was ich gesagt habe, eher eine weltliche Rede. Da war noch nicht oder nur indirekt die Rede von Gott und Glauben – und das sollte auch so sein, denn die Liebe zwischen Mann und Frau, der Entschluß zu heiraten, ist zuerst einmal ein weltlich Ding, wie Luther sagt. Dietrich Bonhoeffer drückt es in der Traupredigt für seinen Freund so aus: *»Es ist nicht gut, hier allzu schnell und ergeben von Gottes Willen und Führung zu reden. Es ist zunächst einfach und nicht zu übersehen euer ganz und gar menschlicher Wille, der hier am Werk ist und der hier seinen Triumph feiert. Es ist zunächst durchaus euer selbstgewählter Weg, den ihr beschreitet. Es ist auch nicht in erster Linie ein frommes, sondern ein durch und durch weltliches Ding, das ihr getan habt und tut. Darum tragt auch ihr selbst und ihr allein die Verantwortung dafür. Es wäre eine Flucht in falsche Frömmigkeit, wenn ihr nicht heute zu sagen wagtet: es ist unser Wille, es ist unsere Liebe, es ist unser Weg«.* – So weit Bonhoeffer.

Aber daneben ist nun eben doch auch das andere zu sagen: Wachsen in der Liebe zueinander und zu anderen Menschen – wolltet Ihr das schaffen per Willensentschluß und aus eigener Anstrengung, dann würde das allerdings zu einem Programm, das Euch völlig überfordern würde und an dem Ihr scheitern müßtet. Ein Leben aus der Liebe ist unverfügbar, ist nicht machbar per Willensentschluß und aus eigener Anstrengung, sondern es ist ein Geschenk Gottes.

Deshalb ist das Dritte wichtig, was in Eurem Trauspruch zum Ausdruck kommt, denn da steht eben nicht: Ihr sollt einander und andere Menschen lieben, sondern da heißt es: *»Euch aber lasse Gott wachsen und überreich werden in der Liebe zueinander und zu allen Menschen«.*

So sehr es Eure Liebe ist, die Ihr heute feiert und Eure Verantwortung, die Ihr mit diesem Entschluß zu heiraten auf Euch nehmt, so gewiß ist diese Liebe doch ein Geschenk Gottes. Dieses Geschenk ist, wie gesagt, kein Fertigprodukt, sondern nur das Samenkorn – oder besser: die junge Pflanze, das Bäumchen, das nun schon ein Stück in die Höhe und in die Breite gewachsen ist. Gott sagt heute Ja zu Eurem Ja, und das heißt: Er will zum weiteren Wachsen dieses Bäumchens der Liebe sein Gedeihen geben.

Ihr seid noch noch nicht perfekt, noch nicht fertig in der Liebe zueinander und zu anderen Menschen, und Ihr braucht es nicht zu sein, braucht Euch nicht zu überfordern. Es wird immer wieder Situationen geben, wo Ihr versagt in der Liebe, wo Ihr einander verletzt oder nicht versteht und wo Ihr anderen Menschen die Liebe schuldig bleibt. *»Liebende leben von der Vergebung«* – so heißt ein Buchtitel von Manfred Hausmann. Das gilt auch für Euch und Eure Liebe. Ihr dürft die Vergebung Gottes in Jesus Christus in Anspruch nehmen, damit Ihr dann auch einander und anderen Menschen vergeben und Euch selbst Euer Versagen in der Liebe verzeihen könnt. Und denkt daran: Es braucht Zeit, bis ein junger Baum großgeworden ist, bis er seine Zweige wirklich nach allen Seiten entfaltet hat und seine Wurzeln tief ins Erdreich gehen. Da läßt sich nichts zwingen und nichts beschleunigen. Da hilft keine Ungeduld und kein Perfektionismus. Ihr habt noch ein ganzes gemeinsames Leben vor Euch, um zu wachsen in der Liebe zueinander und zu allen Menschen. Und Ihr habt ein Vorbild, an dem Ihr Euch orientieren könnt: den einzigen Menschen, der diese Liebe vollkommen gelebt hat: Jesus Christus. Er möge Eure Liebe wachsen lassen und Eure Ehe segnen. Amen.

Lied
Nun lob, mein Seel, den Herren

Lesung
Wir hören Gottes Wort aus dem Kolosserbrief Kap. 3 die Vv. 12–17. Was der Apostel hier allen Christen sagt, das gilt ganz besonders auch für das Zusammenleben in der Ehe. (Lesung)

Trauversprechen
Sagt jetzt vor Gott und dieser Gemeinde, was Ihr einander als Eheleute geloben wollt:

Katrin/Michael, ich nehme dich aus Gottes Hand als meine Ehefrau/meinen Ehemann an.

Schönes und Schweres will ich mit Dir teilen.

Ich will Dir vertrauen und Dein Vertrauen nicht mißbrauchen. Ich will Deine Stärken fördern und geduldig sein mit Deinen Schwächen.

Ich will Dich lieben und achten und zu Dir stehen, solange wir leben. Dazu helfe mir Gott.

Ringwechsel

Ihr beide werdet vom heutigen Tag an einen Ring tragen, das alte Symbol der Liebe und Treue. Im Zeichen dieser Ringe wünschen wir Euch, daß Eure Liebe an Gottes Liebe Anteil habe.

Bitte steckt Euch jetzt gegenseitig die Ringe an.

Reicht einander die rechte Hand.

Segen
Der Segen Gottes, des Vaters und des Sohnes und des Heiligen Geistes komme über Euch und bleibe bei Euch jetzt und allezeit. Amen.

Lied
Bewahre uns, Gott

Fürbitten (Freunde)

Vaterunser

Chor

Abkündigungen
Im Namen der beiden Brautleute möchte ich Sie nun alle noch herzlich einladen zum Sektempfang nach dem Gottesdienst nebenan im Gemeindehaus.

Die Kollekte, die am Ausgang eingesammelt wird, ist bestimmt für den Arbeitskreis Pro Asyl. Infoblätter liegen aus.

Segen
Wir bitten Gott um seinen Segen. *(aufstehen)*
Der Segen des Gottes von Sarah und Abraham,
der Segen des Sohnes, von Maria geboren,
der Segen des Heiligen Geistes, der über uns wacht wie eine Mutter über ihre Kinder, sei mit euch allen. Amen.

Orgelnachspiel

Auszug

Quelle des Lebens

Gottesdienst mit Taufe   *Dorothee Münkner*

Ein geschiedener Mann möchte wieder heiraten. Seine Frau und er haben ein gemeinsames Kind, das im Rahmen der Trauung mit getauft werden soll. Die junge Frau hat für die Gäste den Verlauf des Gottesdienstes aufgeschrieben und in eine schöne Form gebracht. Es entstand ein Heft, das als Programm oder Erinnerung verwendet werden kann.

Verlauf

Einzug

Begrüßung

Lied
»Laß dich, Herr Jesu Christ ...«

Psalmgebet

Predigt
Text: Psalm 36,10
Liebe Gemeinde!
Zur Trauung von E. und S. und zur Taufe von A. sind wir hier in der Kirche zusammengekommen. Eine solche Feier braucht viel Vorbereitung und Entscheidungsfreiheit. Vor der Bereitschaft, zum Fest einzuladen, liegen Lebensentscheidungen, die das Leben in eine bestimmte Form und Richtung bringen. Die wird jetzt veröffentlicht. Das Fest ist da, und die Gäste sind gekommen. Die Kirche bietet einen festlichen und feierlichen Rahmen für diesen Tag.
Es ist üblich, an einem solchen Tag darüber nachzudenken, woher die Kraft kommt, das Leben zu gestalten und mit den Aufgaben fertig zu werden, die uns abverlangt werden. Wer auf der Höhe seiner Kraft steht, der ist stolz darauf und weiß, was er leisten kann. Woher kommt der Mut zum Leben und die Kraft, das Leben mit anderen zu teilen und für sie Verantwortung zu übernehmen?
Die Bibel sagt: Gott ist die Quelle des Lebens. Damit ist die Frage nach den Wurzeln des Lebens gestellt. Wir können diesen Tag und diesen Bibelspruch wie ein Kalenderblatt verstehen. Da ist für einen besonderen Tag und für eine besondere Situation ein Spruch ausgesucht, der unsere Beziehung zu Gott beschreibt. Und morgen wird ein neues Blatt aufgeschlagen.

Anders gesehen ist der Hinweis auf die Quelle des Lebens ein Merksatz, der im Gedächtnis bleiben kann, um abgerufen zu werden in der Zeit der Besinnung.

Denn bei dir ist die Quelle des Lebens – diese Einstellung führt einmal zur Dankbarkeit, weil nichts selbstverständlich ist. Aber darüber hinaus ist dieses Wissen eine Möglichkeit der ständigen Erneuerung. Nichts anderes ist ja die Quelle des Lebens als eine ständige Quelle der Erneuerung.

In dem Psalm führt diese Entdeckung zum Staunen:

»Herr, deine Güte reicht so weit der Himmel ist und deine Wahrheit, so weit die Wolken gehen. Deine Gerechtigkeit steht wie die Berge Gottes und dein Recht wie die große Tiefe. Herr, du hilfst Menschen und Tieren. Wie köstlich ist deine Güte, Gott, daß Menschenkinder unter dem Schatten deiner Flügel Zuflicht haben!«

Hier erschließt sich uns eine Zuwendung, die von großer Kraft ist. In der Taufe werden wir etwas davon erleben. In ihr bekommen wir es mit dem Wasser des Lebens zu tun. Das ist der Segen, mit dem die Menschen beschenkt werden, die gestärkt ihr Leben in einem neuen Licht sehen. Das wünschen wir Ihnen heute und für alle Tage des Lebens! Amen.

Zuspruch der Bibeltexte zur Trauung

Trauung

Vaterunser

Segen

Lied
»Wie schön ist doch, Herr Jesu Christ ...« (V. 1)

Begründung der Taufe

Segenswort

Gebet

Anrede an die Eltern und Paten

Glaubensbekenntnis

Lied
»Gott Vater, höre unsre Bitte ...«

Taufe
Spruch:
»Gutes und Barmherzigkeit werden mir folgen mein Leben lang und ich werde bleiben im Hause des Herrn immerdar« Psalm 23,6

Lied
»Liebster Jesu, wir sind hier ...«

Gebet

Schlußsegen

Lied
»Lobe den Herren ...«

Vertrauen wagen – Grenzen überschreiten

Gottesdienst aus Anlaß der Eheschließung
zwischen einer Christin und einem Muslim   *Annedore Methfessel*

Zur Problematik des Kasus

Im Kirchengesetz unserer Ev. Kirche von Westfalen ist eine »Gottesdienstliche Feier anläßlich der Eheschließung eines/einer christlichen und eines/einer nichtchristlichen Partners/Partnerin« erst seit dem 1. Januar 1991 vorgesehen. In der Praxis gab es diesen speziellen Kasualfall wohl auch vorher, da gerade im Ruhrgebiet viele Muslime leben. Da es dafür kein agendarisches Formular gab, fanden solche kirchlichen Feiern in der seelsorgerlichen und theologischen Verantwortung einzelner Pfarrer/innen statt. Daß es eine solche Form nun gibt, ist im Grunde zu begrüßen.

Der Fall, von dem ich hier berichte, war die erste Eheschließung zwischen einer evangelischen Christin und einem Muslim, die ich gottesdienstlich zu begleiten hatte. Deshalb befaßte ich mich mit den obengenannten Ausführungen des westfälischen Kirchengesetzes. Zunächst versuchte ich zu verstehen, was denn eigentlich der theologische Unterschied zwischen der üblichen kirchlichen Trauung von evangelischen Partnern und diesem speziellen Fall der »Gottesdienstlichen Feier« ist. Wenn wir mit Martin Luther die Ehe als ein »weltliches Geschäft« auffassen und eine kirchliche Trauung von Christen nur stattfinden darf, wenn die Ehe zuvor auf dem Standesamt rechtsgültig geschlossen wurde, dann ist auch die kirchliche Trauung grundsätzlich nichts anderes als ein Gottesdienst »aus Anlaß der Eheschließung«. Die Bezeichnung »Gottesdienstliche Feier« als Abgrenzung gegenüber einem wirklichen »Gottesdienst« ist für mich deshalb kaum nachvollziehbar. Auch andere Kasualfälle und kirchliche Handlungen (z. B. Beerdigungen, Goldhochzeit) sind ja selbstverständlich auch dann Gottesdienste, wenn die Liturgie nicht dem vollen Ablauf des Sonntagsgottesdienstes entspricht. Vor diesem Hintergrund bereitete ich mich auf das erste Gespräch mit dem Brautpaar vor.

Dabei ging ich zunächst vom Fragenkatalog der EKD-Kommission aus, der ja dem westfälischen Formular zugrundeliegt. Dort sind die Voraussetzungen für eine kirchliche Handlung klar benannt. Sie ist nur möglich, »wenn
a) beide Ehepartner gewillt sind, eine monogame Ehe auf Lebenszeit zu führen,

b) der nichtchristliche Partner erklärt, den evangelischen Gatten in der Ausübung seines Glaubens nicht zu behindern,

c) keine Absprache über nichtchristliche Kindererziehung getroffen ist,

d) der nichtchristliche Partner den Wunsch nach einer kirchlichen Handlung ausdrücklich billigt.«

Außerdem soll »eine andere religiöse oder weltanschauliche Eheschließungszeremonie« daneben nur dann stattfinden, »wenn sie im Heimatland des Nichtchristen zur rechtlichen Gültigkeit der Ehe notwendig ist«. Dies wird bei Muslimen in der Regel – schon aus erbrechtlichen Gründen – der Fall sein.

Im Gespräch wurde sehr schnell klar, daß für den muslimischen Bräutigam, einen modernen und weltoffenen Iraner, alle diese Voraussetzungen zutrafen. So konnten wir rasch dazu übergehen, die Gestaltung der Feier zu besprechen. Dazu heißt es nun im Entwurf der Ev. Kirche von Westfalen 1990, der mir damals vorlag[1]: »Damit die kirchliche Trauung auch von der Gemeinde klar von der gottesdienstlichen Feier unterschieden werden kann, sollte letztere keine Elemente der Trauung im engeren Sinn enthalten (Anrede, Traufragen, Ringwechsel, Paarsegnung)«. Da mir die Notwendigkeit einer solchen Unterscheidung – wie eingangs erwähnt – fragwürdig erschien, habe ich mich mit jedem dieser vier Elemente noch einmal befaßt.

Zunächst glaube ich nicht, daß normale volkskirchliche Gemeindeglieder die Unterschiede zwischen einer Trauung und einer »Gottesdienstlichen Feier« überhaupt würdigen können. Wenn zugelassen wird, daß Christen bei ihrer Eheschließung mit nichtchristlichen Partnern gottesdienstlich begleitet werden, – was ja nach 1. Kor. 7 selbstverständlich sein sollte, – dann dürften solche Unterschiede für die Praxis kaum relevant sein. Trotzdem habe ich jeden der vier Punkte sorgfältig bedacht und kam schließlich zu folgenden Entscheidungen:

- Auf die sogenannte *Anrede,* die in der westfälischen Agende als eine Mischform aus Gebet und Vortrag an die Gemeinde begegnet, würde ich auch bei einem christlichen Brautpaar verzichten, denn sie mutet antiquiert an und entspricht kaum einem heutigen Eheverständnis.

- Der *Ringwechsel* ist keine eigentlich christliche Angelegenheit, sondern volkstümlicher Brauch und begegnet auch im außerkirchlichen Bereich, z. B. vor dem Standesbeamten. Der Ringwechsel kann deshalb genauso gut in der Kirche stattfinden, wenn das Brautpaar dies – wie in diesem Falle – wünscht.

- Die *Traufragen* der Agende werden auch von vielen Christen als nicht mehr zeitgemäß empfunden und häufig durch andere Formulierungen ersetzt, z. B. durch ein selbst gesprochenes Bekenntnis zueinander. Ein modernes Verständnis verwahrt sich vor allem gegen den Anschein, daß hier das standesamtliche Eheversprechen in irgendeiner Weise bekräftigt werden müsse. Dennoch macht das von den Brautleuten gesprochene »Ja-Wort« zumindest nach gängigem Empfinden gewissermaßen den Kern einer kirchlichen Traufeier aus, so daß hier zumindest etwas Entsprechendes angeboten werden sollte.

1. EKvW, Überarbeitung der Kirchenordnung (Artikel 204 KO), hier: Entwurf eines 31. Kirchengesetzes zur Änderung der Kirchenordnung, mit Anlage »Gottesdienstliche Feier anläßlich der Eheschließung zwischen einem evangelischen Christen und einem Nichtchristen«/Liturgisches Formular, vom 13. Februar 1990; inzwischen leicht modifiziert in: Materialien für den Dienst in der EKvW, Reihe A: Theologie und Verkündigung, Heft 36 »Gottesdienstliche Feier anläßlich der Eheschließung zwischen einem evangelischen Christen und einem Nichtchristen«, Bielefeld 1992.

In einem liturgischen Handbuch[2] fand ich einen Text, der mir gut geeignet erschien, und der auch den Brautleuten gefiel: »Ich nehme dich, N., zur Frau/ zum Mann. Ich will mein Leben mit dir teilen im Geben und Empfangen, im Ansprechen und Zuhören, im Teilgeben und Teilnehmen. Was auch das Leben bringt, ich will dir treu sein mein Leben lang. Gott helfe mir.«

In diesem Zusammenhang wird immer wieder diskutiert, ob hier nicht zwischen *Andersgläubigen* und *Nichtgläubigen* zu unterscheiden sei; ob man also Juden und Muslims, die sich ja zweifellos zu Gott dem Schöpfer bekennen, nicht doch fragen darf: »Willst Du N. N. als Deine/n Ehepartner/in aus Gottes Hand nehmen?« Dies wird jede/r nach eigenem theologischen Verständnis entscheiden müssen. In diesem Fall habe ich das Brautpaar gefragt, ob auch der Zusatz »Gott helfe mir« gesprochen werden soll. Beide wünschten dies ausdrücklich.

– Nach dem Entwurf sollte auch die *Paarsegnung* nicht Bestandteil der »Gottesdienstlichen Feier« sein. Nach meiner theologischen Überzeugung begegnet Gottes Segen allemal großzügiger, weitherziger und offener, als wir uns dies überhaupt vorstellen können, und gerade im Alten Testament werden Segensworte in allen erdenklichen Zusammenhängen gesprochen. Deshalb war ich grundsätzlich auch zu einer Segnung des Brautpaares bereit, sofern dies gewünscht wurde. Der Bräutigam lehnte dies jedoch zunächst dezidiert ab. Daraufhin hörte die Braut von ihrer Mutter, daß der Segen bei einer kirchlichen Hochzeit doch das Wesentliche sei, während der Bräutigam sich mit einem Onkel beriet. Dieser – selbst mit einer katholischen Christin verheiratet – machte ihm ebenfalls klar, daß der Segen zumindest nach christlichem Verständnis der eigentliche Sinn einer Traufeier sei, und daß dieser Segen einem »wackeren Muslim« kaum schaden werde. So erschienen die Brautleute dann zu einem vierten Gespräch bei mir und baten mich gemeinsam, die Paarsegnung doch in den Gottesdienst aufzunehmen, was ich gerne tat.

Mit Sorgfalt bedachte ich die für die Liturgie zentralen Formulierungen zur Dreieinigkeit Gottes, von denen ich annehmen mußte, daß sie Muslimen ein Ärgernis sein könnten. Obwohl ich aus seelsorgerlichen Gründen dem jungen Paar gern so weit wie möglich entgegenkommen wollte, mußte völlig klar sein, daß dies ein *christlicher* Gottesdienst sein würde, zu dem Muslime als Gäste eingeladen und herzlich willkommen waren. Besonders die Formulierung »Wir feiern diesen Gottesdienst im Namen des Vaters und des Sohnes und des Heiligen Geistes«, mit der ich alle Gottesdienste eröffne, war mir daher unverzichtbar. Damit hatte das Paar keine Probleme.

Nachdem alle offenen Fragen zufriedenstellend geklärt waren, gestaltete ich den nachfolgenden liturgischen Ablauf und die Predigt zum Bibelwort Ruth 1,16+17, das die Braut als »Trauspruch« ausgewählt hatte.

Begrüßung

Ich begrüße Sie alle sehr herzlich. Und ich freue mich, daß Sie heute hierher gekommen sind.

H. X., geb. Z., ist Glied der Evangelischen Kirche von Westfalen, A. X. ist Muslim. Beide haben um diesen Gottesdienst zu ihrer Hochzeit gebeten.

---

2. Friedrich Kalb, Grundriß der Liturgik, 2. überarb. Aufl., München: Ev. Presseverband für Bayern 1982.

Darum sind wir hier.
Wir feiern diesen Gottesdienst – wie alle unsere Gottesdienste – im Namen des Vaters und des Sohnes und des Heiligen Geistes.
Der Friede des Herrn sei mit euch allen.

Lied
»Geh aus mein Herz«

Psalm 23
(gemeinsam mit allen Gottesdienstbesuchern gesprochen)

Lesung/Erzählung: Ruth 1

Ansprache

Liebes Brautpaar, liebe Verwandte und Freunde.
»Wo du hingehst, da will ich auch hingehen; wo du bleibst, da bleibe ich auch. Dein Volk ist mein Volk, und dein Gott ist mein Gott. Wo du stirbst, da sterbe ich auch, da will ich auch begraben werden. Der Herr tue mir dies und das, nur der Tod wird mich und dich scheiden.« Das ist das Bibelwort, das Sie sich für Ihre Ehe ausgesucht haben. Und es paßt. In der Bibel sagt das zwar die Schwiegertochter Ruth zu ihrer Schwiegermutter Naomi, aber die Situation ist Ihrer ähnlich. Zwei Menschen finden zueinander, die aus unterschiedlichen Ländern kommen, aus zwei verschiedenen Völkern und Kulturen, mit sehr unterschiedlichen Vorstellungen von Gott. Dies alles trifft auf Sie beide auch zu. Und Sie beide übertreffen ja noch die Zuneigung zwischen Ruth und Naomi, denn Sie beide entschlossen sich zu heiraten und Ihr ganzes zukünftiges Leben miteinander zu verbringen.
Jeder, den Sie heute eingeladen haben und der mit Ihnen beiden feiern wird, wünscht Ihnen beiden sicher von Herzen alles Gute. Trotzdem trifft eine Beziehung wie die Ihre trotz aller Chancen und Möglichkeiten nicht immer nur auf Zustimmung. Argwöhnisch steht für manche Leute die Verschiedenheit so sehr im Vordergrund, daß sie sich eine ähnliche Beziehung für sich selbst nicht vorstellen können, weil sie immer nur die Probleme sehen, die daraus erwachsen könnten und das darum anderen auch absprechen und verleiden möchten.
Demgegenüber haben Sie beide die Erfahrung gemacht, daß Sie gerne miteinander leben, haben erfahren, daß Sie beide Eigenes eintragen in Ihre Beziehung, etwas, das Sie mitbringen aus Ihrer jeweiligen Nationalität, Religion – und vor allem: Familientradition. Sie haben erfahren, daß zunächst Fremdes dem Partner vertraut wurde. Sie trauen sich zu, trotz unterschiedlicher Herkunft, unterschiedlicher Nation und Kultur, trotz verschiedener Muttersprache und – nicht zu vergessen – Religion, ein

Leben lang miteinander verheiratet zu sein. Und ich finde, auf Ihr Gefühl zueinander zu vertrauen, daran tun Sie gut.

Manchmal wird es natürlich Unterschiede geben, Sie werden Entscheidungen treffen müssen – etwa bei der Kindererziehung –; das ist in jeder Ehe so. Letztlich sind aber diese ganzen Unterschiede verschwindend gering gegenüber dem einen Unterschied, der jede Ehe prägt: nämlich das Gegenüber und Miteinander von Mann und Frau. Eheleute bilden immer eine aufeinander bezogene – einander immer gegenüberstehende, ergänzende Polarität. Und jeder, der jetzt hier ist und mit Ihnen feiert und der oder die selbst in einer Beziehung oder in einer Ehe lebt, weiß um die Chancen, aber auch die Grenzen *jeder* Verbindung zwischen Mann und Frau, ganz gleichgültig, wieviel Verschiedenes sie sonst in die Ehe einbringen. Die Schwierigkeiten, die Sie in Ihrer Ehe zu meistern haben, sind deshalb eben gar nicht so großartig verschieden von den Problemen anderer Ehepaare. Denn eines ist immer das gleiche: Zunächst und zuallererst haben Sie beide mit sich selbst, miteinander zu tun – und wie Sie miteinander umgehen, ob Sie sich gelten lassen und zwei Standpunkte miteinander verbinden können, darin entscheidet sich Gelingen oder Mißlingen einer jeden Ehe. Und Sie werden in Ihrer Ehe ähnliche Erfahrungen machen wie alle anderen Ehepaare auch, nämlich, daß Sie sich in manchen Punkten immer besser verstehen werden, daß Ihr Verständnis füreinander wächst aufgrund gemeinsam gemachter Erfahrungen und Erlebnisse, die jetzt noch in der Zukunft liegen, auf die Sie dann – nach einigen Jahren und Jahrzehnten – aber gemeinsam zurückblicken. Und Ihnen wird auch die andere Erfahrung nicht erspart bleiben, die leider auch in jeder Ehe gemacht wird: Was zuerst anziehend und bunt erschien, verliert mit der Zeit an Farbe, es werden sich Verhaltensweisen einschleifen und wiederholen, von denen Sie wünschen, sie wären anders – was Sie sich zu Anfang sicher nicht hätten träumen lassen. Schwierigkeiten in der Beziehung zueinander treten auf, und Sie müssen damit fertig werden, in meist ganz alltäglichen Bereichen: wie etwa dem Berufsleben, der Familie, der Kindererziehung, dem Glaubensleben – welche Feste z. B. werden Sie feiern? –, mit all diesen Fragen werden Sie fertig werden müssen, und in solchen Zeiten wird sich die Belastbarkeit Ihrer Ehe erweisen. Und ich bitte Sie heute herzlich, nicht zu vergessen, daß Sie sich immer in erster Linie als Mann und Frau gegenüberstehen und erst in zweiter Linie als Deutsche und als Iraner, als Christin und als Muslim.

Was darf ich Ihnen nun als evangelische Pfarrerin mit auf den Weg geben? In unserem Glauben ist die Vergebung wichtig. Und Sie haben sich ja auch eine Lesung aus dem Neuen Testament ausgesucht, die das zum Ausdruck bringt, aus dem Brief des Apostels Paulus an die Galater:

»Wir sind auf den Geist der Liebe angewiesen; deshalb wollen wir uns von diesem Geist bestimmen lassen. ... Wenn ihr bei dem andern einen Fehler entdeckt, dann laßt euch vom Geist der Liebe leiten und steht so zu ihm, daß er damit zurechtkommt; das heißt christlich leben. Bedenkt dabei, wie

leicht ihr selbst versagt. Tragt gegenseitig, was euch das Leben schwer-
macht, dann richtet ihr euch an Christus aus. Wenn jemand meint, er habe
sich nichts vorzuwerfen, dann macht er sich etwas vor. Es geht nicht darum,
wie wir anderen gegenüber dastehen. Sondern darum, wie unser Verhalten
bestehen kann, wenn wir selbst es ehrlich prüfen«. So modern übersetzt aus
Galater 5,23–6,4.

Also den anderen grundsätzlich zu bejahen mit allen Fehlern – das ist der
Anspruch an uns Menschen, den wir von Jesus Christus gelernt haben.
Auch da erfahren wir als Einzelne wie auch als christliche Gemeinschaft, als
Kirche, oft eine Kluft zwischen Anspruch und Wirklichkeit, denn natürlich
sind wir als Menschen niemals vollkommen und perfekt. Wir hinken dem
Evangelium, dem Wort Gottes, immer ein gutes Stück weit hinterher. Als
Christen wissen wir uns aber auch dann von Gott angenommen, wenn wir
selbst unvollkommen sind. Ich wünsche Ihnen beiden, daß Sie die Fähigkeit zur Vergebung entwickeln in Ihrer Ehe. Und auch das ist ja nicht zu vergessen: Gegen alle Auseinandersetzung zwischen verschiedener Nation
und Sprache, zwischen verschiedenen Religionen, und auch gegen kriegeri-
sche Auseinandersetzung zwischen verschiedenen Staaten – wie wir es erst
Anfang des Jahres im Golfkrieg erleben mußten –, setzen Sie mit Ihrer Ehe
ein wahres Hoffnungzeichen dagegen. Sie machen für uns alle deutlich –
es *ist* möglich, friedlich miteinander zu leben, Konflikte zu lösen, gut miteinander auszukommen, ja gerade die Vielfalt, die Sie beide mitbringen, als
Bereicherung und Glück, als Liebe zueinander und füreinander zu erleben.
Das ist sozusagen Ökumene an der Basis – eine Hoffnung für alle, die an der
Trennung zwischen den Menschen, zwischen Nationen und Religionen lei-
den. »Wo du hingehst, da will ich auch hingehen; wo du bleibst, da bleibe
ich auch. Dein Volk ist mein Volk, und dein Gott ist mein Gott. Wo du
stirbst, da sterbe ich auch, da will ich auch begraben werden. Der Herr tue
mir dies und das, nur der Tod wird mich und dich scheiden.«

Ich wünsche Ihnen beiden zum Schluß, daß Sie genau das erfahren, was
Ruth und Naomi erlebt haben, nämlich: »daß ein Mensch, den man liebt,
dem anderen eine Sicht von Gott vermitteln kann« (Drewermann). Amen

Bekenntnis zueinander

Sie haben vorgestern Ihre Ehe vor dem Standesbeamten geschlossen, wie
es in unserem Land und auch nach unserem evangelischen Verständnis
üblich ist.

Sie sind heute hier, um sich sichtbar vor Gott und seiner Gemeinde zueinander zu erklären. Sie bedenken heute, was es heißt, die Ehe wirklich vor
Gott zu führen und um das Gelingen Ihrer Ehe zu beten. Und wir sind da,
um Gottes Segen für Sie beide zu erbitten. So bitte ich Sie beide jetzt, mir
nacheinander nachzusprechen:

38

Für ihn:
»Ich nehme dich, H., zur Frau.
Ich will mein Leben mit dir teilen
im Geben und Empfangen,
im Ansprechen und Zuhören,
im Teilgeben und Teilnehmen.
Was auch das Leben bringt, ich will dir treu sein mein Leben lang.
Gott helfe mir.«

Für sie:
»Ich nehme dich, A., zum Mann.
Ich will mein Leben mit dir teilen
im Geben und Empfangen,
im Ansprechen und Zuhören,
im Teilgeben und Teilnehmen.
Was auch das Leben bringt, ich will dir treu sein mein Leben lang.
Gott helfe mir.«

So wechseln Sie jetzt bitte Ihre Ringe.

Segenswort
Gott segne Ihre Ehe und begleite Sie heute und in den Tagen, die vor Ihnen liegen. Er segne die Zeit, die Sie miteinander und füreinander haben. Wer hofft, ist nicht von gestern. Wer Liebe wagt, lebt morgen. Und Gott wird unser Leben täglich neu erfüllen. So segne Sie beide Gott Vater, Sohn und Heiliger Geist.
Friede sei mit Euch!

Lied
»Lobe den Herren ...«

Fürbitten
Herr Gott,
Wir bitten Dich für dieses Paar, für H. und A. Bewahre ihre Liebe zueinander, und schütze ihre Gemeinschaft, daß sie sich stärker erweist als alles, was ihnen aneinander fremd erscheint. Stärke ihre Geduld, daß sie nicht nachlassen in ihrem Bemühen, sich gegenseitig immer besser zu verstehen. Schenke ihnen gute Freunde und aufnahmebereite Familien. Begleite sie selbst, Herr.
Gott, du Schöpfer allen Lebens, wir bitten dich für alle Völker und Menschen, daß sie lernen, miteinander zu leben. Herr, wir wissen eigentlich, daß wir ja als Einzelne selbst mit dazu beitragen können und sollen. Gib uns die Kraft dazu, Konflikte zu lösen und Frieden wirklich zu wollen. Das erbitten wir auch für uns selbst, für alle, die jetzt hier sind und die mit Freude und mit Mühe in ihrer Ehe leben. Amen.

Vaterunser

Aaronitischer Segen

Orgelnachspiel

Auszug

Unser Fest sei ein Gegenentwurf

Trauung einer Deutschen
und eines Kroaten   *Hannes-Dietrich Kastner*

Musik zum Einzug

Begrüßung
Wir grüßen einander im Namen Gottes des Vaters und des Sohnes und des
Heiligen Geistes.
Willkommen in der Bergkirche St. Peter.
Zu einem Gottesdienst wurden wir angestiftet – zu einem Gottesdienst –
gemeinsam mit Menschen ganz unterschiedlicher Sprachen. Manche
Leute finden das anstrengend und fragen sich: Muß das denn sein? Muß
denn nun auch noch die Kirche auf der multikulturellen Welle mitschwim-
men? Für alle, die so fragen, hat die Deutsche Städtereklame eine große
Plakatwand erstellt – ein etwas kleineres Format haben wir dort hinten aus-
gehängt – und ein noch kleineres Format habe ich hier in der Hand. Also –
allen, die Angst haben, sie könnten vor lauter Fremden ihre Identität verlieren, wird hier kurz und knapp in Erinnerung gerufen:
     Dein *Christus* ist ein *Jude*
     Dein *Auto* ist *Japaner*
     Deine *Pizza* ist *italienisch*
     Deine *Demokratie* ist *griechisch* (Demokratie ist ein griechisches
       Wort!)
     Dein *Kaffee* ist *brasilianisch*
     Dein *Urlaub* ist *türkisch*
     Deine *Zahlen* sind *arabisch*
     Deine *Schrift* ist *lateinisch*
     Und dein Nachbar – soll nur ein Ausländer sein?

Nichtwahr, liebes Brautpaar, Ihr erlebt einander wechselseitig ganz anders – ihr brächtet es nie übers Herz, zu sagen – »*meine Braut* ist nur eine *Deutsche*« oder »*mein Bräutiger* ist nur ein *Ausländer*«, »er spricht nur kroatisch«.

Liebe Hochzeitsgemeinde, ich bitte Euch – ich bitte uns alle – vergessen wir das Wörtchen »nur« in diesem Zusammenhang und freuen wir uns mit dem Paar, daß es zueinander gefunden hat – und bitten wir Gott am heutigen Tag, daß er den Weg des Hochzeitspaares und unser aller Wege segne.

Euch aber, liebes Brautpaar, wünschen wir, daß Euch alles, was wir jetzt miteinander tun, wohl tue, unser Singen, Musizieren, unser Beten, Hören und Nachdenken. Der Friede Gottes sei mit uns allen. Amen.

Lieder
(Kroatisch und Deutsch)

Psalmgebet

Eine/r: Eines wünschen wir uns:
           daß Gott uns segnet.

Alle: Daß er uns Licht gibt,
           das Licht seiner Liebe,
           damit wir auf unserer Erde wissen,
           welche Wege wir gehen können
           und alle Völker das Ziel sehen,
           zu dem er führen will.

Eine/r: Die Völker sollen dir danken, Gott.

Alle: Sie sollen sich freuen,
           weil du Recht und Ordnung gabst
           und deinen Willen behauptest unter den Menschen.

Eine/r: Die Völker sollen dich preisen, Gott.
           Preisen sollen dich alle,
           daß du ihr Leben erhältst mit der Frucht aus der Erde.

Alle: Gott, segne uns,
           daß auch aus unseren Herzen Frucht wachse:
           Vertrauen und Dank.

Eine/r: Es segne uns Gott und alle Welt ehre ihn.

Alle: Amen.

Gemeinde: Ehre sei dem Vater und dem Sohn und dem Heiligen Geist,
            wie es war im Anfang, jetzt und immerdar und von Ewigkeit zu
            Ewigkeit. Amen.

Gebet
(Kroatisch)

Lesung
aus Matthäus 5

Musik

Ansprache

Liebes Brautpaar, liebe Angehörige und Freunde, liebe Gemeinde!
Eine Hochzeit – also ein Fest – während an anderen Orten unserer Welt
ganz und gar nichts Festliches geschieht ... Darf das sein?
Darf ein Mensch, dessen Freunde und Nachbarn zu eben dieser Zeit in
einen Krieg verwickelt sind, fern von den Gefährdeten ein frohes Fest
begehen? Diese Frage wird der Bräutigam natürlich nicht los; und darum ist
es auch gut, wir sprechen diesen Kummer gleich offen an. Doch – wir, die
wir uns »Deutsche« nennen – täuschen wir uns bitte nicht! Wir sind von
diesem Dilemma genauso betroffen! Denn das ist ja auch eine Absurdität
und eine Ungeheuerlichkeit, daß wir ein Fest begehen – und unsere Indu-
strie Rüstungsgüter herstellt, die in eben diesen Kriegsgebieten zum Einsatz kommen. Nein: Es gibt keine perfekte Unschuld – und unsere Kleider
sind niemals nur weiß, sondern immer auch grau – und mit Blutflecken ver-
sehen. Trotzdem feiern wir Feste.
Und ich sage: Trotzdem sollen wir Feste begehen! Unbedingt müssen
wir daran festhalten. Natürlich nicht irgendwelche Belustigungen, sondern wirklich ernstzunehmende Feste sind nötig. Was zeichnet denn ein
ernstzunehmendes Fest aus? Doch vor allem dies, daß es einen Gegenentwurf zum Mißlingen wagt – einen Gegenentwurf zum Mißtrauen – einen
Gegenentwurf zum Elend – einen Gegenentwurf auch zum Krieg und
allem Streit.
Stellen wir uns doch einmal vor, wir verzichteten über Jahre hin auf Feste
dieses Stiles! Stellen wir uns doch einmal vor, ganze Generationen müßten
diese Kultur der Gegenentwürfe gegen das Mißlingende entbehren! Wie
sollte denn dann noch in Kindern eine innere Vorstellung von einer lichten
Zukunft entstehen? Unsere kranke Welt braucht Euer Hochzeitsfest als
Gegenentwurf gegen die Erfahrungen des Mißtrauens. Unsere kranke Welt
braucht den Hinweis, daß sich Menschen mit so unterschiedlichen Lebensgeschichten, unterschiedlichen Weisen des Glaubens und auch verschiedenen Sprachwelten miteinander verbünden, verknüpfen und sich verlieben –
und schließlich auch heiraten können.
Der erste Gratulant an Eurem Festtag – ist der Bergprediger Jesus von
Nazareth – ein Jude also, kein Deutscher – mit diesen Glückwünschen, die
wir vorhin hörten.

»Glücklich, die hungrig und durstig nach Gerechtigkeit sind.
Ihr Durst und ihr Hunger wird gestillt.
Glücklich, die Frieden bringen.
Gottes Kinder werden sie heißen.«

Nichtwahr, diese Glückwünsche reden nicht um den heißen Brei herum, sondern gehen genau auf unser Unglück ein, auf die Konflikte, auf die Spannungen zwischen Völkern, zwischen Reichen und Armen. Jesu Glückwünsche wünschen uns genau in diesen Zusammenhängen, daß wir uns nicht auf die falschen Seiten schlagen, sondern auf der Spur seines Denkens, seiner Vision vom Reich Gottes bleiben ... Also nicht – daß wir irgendwann sagen, Gerechtigkeit und Frieden sind eh nicht herstellbar, also sprechen wir erst gar nicht von Gerechtigkeit und Frieden – und löschen wir auch jedes Bild vom Frieden in unserer Seele. Nein: Jesus denkt nicht daran, seine Glückwünsche herunterzuschrauben, sondern bleibt dabei, daß er sagt: Eure Wünsche sollen groß bleiben – und der Horizont Eurer Hoffnungen weit. Das notiert Euch, liebes Hochzeitspaar, der Bergprediger Jesus auf Eure Tischkarten.
Er bewegt sich mit solchen Glückwünschen übrigens ganz im Rahmen der Tradition des Gottesvolkes Israel. Einmal – im Buch des dritten Jesaja – finden sich z. B. Sätze, die der Bräutigam und seine Angehörigen vermutlich mit ganz besonderer innerer Bewegung hören werden. Da heißt es von Gott selbst:
»Siehe, ich will einen neuen Himmel und eine neue Erde schaffen,
daß man der vorigen nicht mehr gedenken und sie nicht mehr zu
Herzen nehmen wird.
Freut euch über das, was ich schaffe,
denn ich will eure Stadt zur Wonne machen
und mich freuen über alles Volk.
Man soll dann nicht mehr Weinen noch Klagen hören.
Es sollen keine Kinder mehr da sein, die nur einige Tage leben,
oder Alte, die ihre Jahre nicht erfüllen ...
Nein, sie werden Häuser bauen und selber bewohnen,
sie werden Weinberge pflanzen und selber von den Früchten essen.
Sie sollen nicht bauen, was ein anderer dann bewohnt –
oder pflanzen, was ein anderer erntet.
Die Tage meines Volkes werden sein wie die Tage eines Baumes.
Wenn sie rufen, werde ich antworten.
Wolf und Schaf werden beieinander weiden –
und niemand wird mehr Bosheit und Schaden tun
auf meinem heiligen Berg.«

Liebes Brautpaar, es ist natürlich bedenklich, wenn eine einzige Nation für sich das Recht auf eine so gezeichnete glückliche Zukunft beansprucht. In diesem Zusammenhang von einem »Recht« zu sprechen, ist ohnehin eine

Verdrehung. Denn stilistisch handelt es sich ja hier bei Jesaja nicht um eine Rechtssammlung, sondern – Gott kommt hier zu Wort. Er skizziert hier seine guten Absichten mit uns schwierigen Menschen. Und es liegt an uns, diesen Absichten Gottes mit zur Gestalt zu verhelfen.

Eine lebendige Partnerschaft, eine würdige Ehe, der Versuch, sich einander in der jeweiligen Muttersprache des Gegenübers zu verstehen, alles das sind wertvolle Schritte in diese Skizze Gottes hinein. Immer wieder brauchen wir Menschen diesen Aufbruch an der Schwelle in die neue Welt Gottes. Immer wieder an dieser Schwelle feiern wir Feste des Aufbruchs, damit die Mächte der zerfallenden und morschen Welt des Bösen sich nicht einbilden, sie blieben ewig. Wer in die neue Welt Gottes aufbricht, hat mit dem Ewigen zu tun. Das ist der Kern der Glückwünsche Jesu – und auch der Kern meiner guten Wünsche. Amen.

Lied
(Kroatisch)

Trauung

Trauversprechen

Versprechen der Trauzeugen und der Gemeinde

Die Ringe

Das Bündnis und Gottes Bejahung

Segenswünsche

Der Ehesegen

Vaterunser

Der Friedensgruß

Lied
»Komm, Herr, segne uns …«

Fürbitten mit Kyrie eleison

Kleine Hinweise

Gruß der Kirchengemeinde an das Brautpaar

Segen

Musik

44

Auf dem Weg zum Leben

Gottesdienst zur Trauung eines
Aussiedler-Ehepaares

Wolfhart Koeppen

Trauung eines Aussiedler-Ehepaars, er deutsch-russischer, sie griechischer Abstammung. Der ganze Gottesdienst wurde Satz für Satz ins Russische übersetzt. Obwohl standesamtlich verheiratet, hatte die junge Frau nicht gemeinsam mit ihrem Mann in die Bundesrepublik einreisen dürfen. Die Trauung fand gegen Ende eines einwöchigen Besuchs am damaligen Aufenthaltsort (Übergangswohnheim) des Mannes statt und wurde ausdrücklich auch als Stärkung angesichts einer ungewissen Zukunft erbeten. Die deutschen Behörden verweigerten der Frau eine Verlängerung des Besuchervisums. Zwei Tage nach der Trauung mußte sie – ohne jede Perspektive für das gemeinsame Leben – wieder nach Weißrundland zurückkehren.

Begrüßung

Ein weiter Weg liegt hinter Ihnen – von Kasachstan nach Niederbayern, von Dshetysaj und Sol-Iljetzk bis nach Sandbach und Ortenburg.
Noch wissen Sie nicht, wie es mit Ihnen weitergehen und wohin Sie Ihr Weg noch führen wird.
Eine Woche nur, sechs Tage müssen genug sein: fürs Wiedersehen, fürs Heiraten, fürs Plänemachen. Und dann? Sie wissen es nicht. Niemand hier weiß es.
Nichts als ihre Liebe kann Sie zusammenhalten.
Aber Sie sind nicht allein. Gott geht alle unsere Wege mit. Wir müssen uns nicht nur auf unsere eigene Kraft verlassen. Deshalb sind Sie zur Trauung heute nachmittag hier in unsere alte evangelische Kirche gekommen.
Lassen Sie sich zu diesem Gottesdienst ganz herzlich begrüßen. Besonders Sie, Frau und Herr H.
Wir freuen uns über Ihr Ja zueinander. Wie Sie, so möchten auch wir, daß Ihre Ehe gelingt.
Darum hören wir auf Gottes Wort und bitten um seinen Segen für Ihren gemeinsamen Weg.
Wir wollen beten, das heißt: wir reden mit dem unsichtbaren Gott und vertrauen ihm unser Leben an.

Gebet

Großer Gott: In den Zufällen unseres Lebens hast du uns zusammengeführt.
Dafür danken wir dir.
Auch jetzt bis du bei uns.

Wir bitten dich: Laß uns deine Güte erkennen und annehmen.
Hilf besonders diesen beiden, daß sie ihre Ehe im Vertrauen auf dich beginnen und führen.
Durch Jesus Christus, unseren Herrn und Bruder. Amen.

Orgelspiel

Ansprache

Text: Psalm 16,11
Einen weiten Weg haben Sie beide hinter sich. Den Weg, der noch vor Ihnen liegt, kennen Sie nicht. Und noch weniger wissen Sie, wo einmal Ihr gemeinsames Haus stehen wird. Auch diese Kirche, in der Sie heute um Gottes Segen für Ihr gemeinsames Leben bitten, ist Ihnen fremd. Aber Sie zwei haben sich gefunden. Sie haben sich entschlossen, zusammenzubleiben. Sie wollen miteinander leben. Das ist genug. Wir haben nicht darüber gesprochen, wie und wo Sie sich kennengelernt haben. Aber eins ist sicher: Es war nicht nur der Zufall, der Sie zusammengeführt hat. Es war Gott, sagen wir Christen. Das heißt: Sie haben allen Grund, dankbar zu sein. Auch wenn heute noch vieles unklar ist.
Ihr gemeinsames Leben hängt nicht davon ab, ob Sie gute Vorsätze oder einfach Glück haben. Gott selbst, der Schöpfer des Himmels und der Erde, ist an Ihrem Glück interessiert. Er will, daß Ihr gemeinsames Leben gelingt. Er will, daß Sie beide Freude aneinander haben. Menschen, die sich auf diesen Gott verlassen, haben immer eine Heimat. Überall auf der Welt. Menschen, die sich auf diesen Gott verlassen, finden ihren Weg. Auch wenn sie ihn nicht sehen. Menschen, die sich auf diesen Gott verlassen, können sich treu bleiben, auch wenn schwere Zeiten kommen. In der Bibel, die wir das Wort Gottes nennen, steht ein kurzes Gebet – ein Wunsch von Menschen an den lebendigen Gott. So heißt es in Psalm 16, Vers 11:
»Gott, du zeigst mir den Weg zum Leben.«
Wenn Sie das sagen können, brauchen Sie vor morgen keine Angst haben. Denn Gott geht alle Wege mit. Weil dieser Gott für Sie sorgt, brauchen Sie sich keine Sorgen zu machen, wie es weitergeht. Weil Gott Sie mit seiner Liebe verbindet, kann kein Weg so weit sein, daß Sie nicht immer wieder zueinander finden. Weil Gott Ihnen hilft, miteinander zu leben, können Sie auch dann zusammenbleiben, wenn es Ihnen schwer wird, wenn Sie Fehler machen, wenn Sie schuldig werden. Weil Gott bei Ihnen ist, können Sie einander annehmen, auch wenn Sie nicht immer verstehen, warum der oder die andere so denkt und handelt, wie er oder sie es tut. Weil Gott zu Ihnen hält, können Sie miteinander immer wieder neu anfangen. Mit Gott kann das Leben jeden Tag neu beginnen.

»Gott, du zeigst mir den Weg zum Leben.«
Sagen Sie sich das immer wieder, sagen Sie es Gott, wenn Sie nicht weiter-
wissen oder aufgeben möchten:
»Gott, du zeigst mir den Weg zum Leben.«
Dieses kleine Gebet wird Ihnen die Augen öffnen für das, was Gott in
Ihrem Leben tut. Und das ist mehr als Sie jemals wünschen können. Ja:
Gott legt seine Liebe um Sie beide wie einen Mantel, der Sie schützt und
wärmt. Lassen Sie sich von ihm den Weg zum Leben zeigen. Er wird Sie
nicht enttäuschen. Amen.

Orgelspiel

Schriftworte zur Ehe

Trauung

Segensgebet
Kniet nieder, damit wir für euch beten und euch im Namen Gottes segnen.
Wir sprechen gemeinsam das Gebet Jesu, das Vaterunser – jede und jeder in
seiner Sprache. Gott wird uns hören.
Vater unser ...
Herr, unser Gott: Du hast Mann und Frau füreinander geschaffen. Wir bit-
ten dich für diese Eheleute:
Bewahre sie in ihrer Ehe.
Laß sie dich suchen und finden.
Erhalte sie in deiner Liebe.
Durch Jesus Christus, unsern Herrn. Amen.

Segen
Gott der Herr segne eure Ehe.
Er schütze und erhalte eure Liebe.
Er bewahre euch vor Gefahr.
Er schenke euch Freude.
Er gebe euch Kraft und Mut, wenn euch das Leben schwer fällt.
Geht und lebt in Gottes Schutz.
Durch Jesus Christus, unsern Herrn.
Friede sei mit euch. Amen.

Schlußgebet und aaronitischer Segen

»Laß deine grenzenlose Liebe an uns wahr werden!«

Kommentierte Ordnung einer Segnung für
ein homosexuelles Paar   *Bernhard von Issendorff*

Wie jede kirchliche Handlung ist dieser Segensgottesdienst öffentlich. Jedoch wird um der Würde der Handlung und um der Seelsorge willen, die darin geschieht, gebeten, auf eine Medienöffentlichkeit zu verzichten.

Eingangslied

Es soll mit den ersten Worten betont werden: Dies ist *kein Traugottesdienst,* denn er setzt eine Eheschließung voraus, dagegen gibt es *Segensgottesdienste* für ganz unterschiedliche Menschen und Menschengruppen, neben heterosexuellen Paaren, auch zölibatär lebende Einzelne und homosexuelle Paare.

Votum

Dieser Segensgottesdienst geschieht im Vertrauen darauf, daß Gottes Liebe größer ist als unsere Moralvorstellungen, daß Gottes Weisung sich wandelt im Weg seiner Geschichte mit uns, daß Gott allen Menschen seine Gnade schenkt. So geschieht dieser Gottesdienst im Namen Gottes des Vaters und des Sohnes und des Heiligen Geistes. Amen.

Als Eingangsworte eignen sich alle Bibelworte, die von der grenzenlosen Liebe Gottes sprechen. Dagegen sind Worte, die das menschliche Halten der Gebote in den Vordergrund stellen, wegen möglicher Mißverständnisse zu meiden.

Eingangswort

Deine Gnade reicht, so weit der Himmel ist, und deine Treue, so weit die Wolken gehen. Psalm 108,5

Schriftwort
Einleitung

In den Trauagenden finden sich gern Sammlungen von Bibelworten, die unberechtigter Weise den Eindruck erwecken, die Ehe sei eine biblische Einrichtung. Es ist gut, wenn die negativen biblischen Urteile gegen die Homosexualität erwähnt und nicht verschwiegen werden.

Ihr wißt, daß die Heilige Schrift in allen ihren Teilen die homosexuelle Liebe verwirft.

Das Interesse des Stämme- und Sippenerhalts an Macht und Besitz war durch die Homosexualität gefährdet. So sind die harten Gesetze der Verwerfung zeit- und sozialgeschichtlich zu verstehen.

In der kulturellen und religiösen Umwelt Israels und der jungen Christenheit gehörte die Ausübung der Homosexualität zur Selbstverständlichkeit und zum Kult. Israel und die junge Christenheit mußten sich davon unter-

scheiden, so sind die harten Worte der Abgrenzung geistes- und religions-
geschichtlich zu verstehen.

Wir vertrauen darauf, daß Gott mit uns durch die Geschichte geht und daß
sich der Glaube an ihn geschichtlich ausprägt und damit wandelt und für
künftigen Wandel offen ist. Statt Erhaltung, Aus- und Abgrenzung steht
heute im Vordergrund Wandel, Öffnung und Einbeziehung.

Gebet
Gott des Lebens,
zu dir beten wir am heutigen Tag, da diese Menschen vor dich treten und
von dir den Segen erbitten.
Gott des Lebens,
vielfältig hast du das Leben gewollt und viele Möglichkeiten des Zusammenlebens hast du entstehen lassen.
Gott des Lebens,
wehre uns den Hochmut, mit dem wir die richten, die ihrem Leben eine
andere Gestalt geben als wir sie und die Mehrheit ihrem Leben gibt.
Gott des Lebens,
wir halten dir deine Verheißung vor, die für die Gnade und Barmherzigkeit
keine Grenze kennt:
Sei mit uns in dieser Stunde.
Amen.

Ansprache
(zu einem Bibelwort nach der Wahl des Paares)

Lied

Zur Segensbitte
Es werden keine Traufragen gestellt. Es werden aber Fragen gestellt, die den
Homosexuellen die Möglichkeit geben, ihren Lebenswunsch vor Gott auszuspre-
chen. Da auch nicht der Verdacht auf einen Vertrag zweier Partner aufkommen soll,
gibt es nur eine Frage nach dem Segen an beide Menschen gleichzeitig und eine
gemeinsame Antwort.

Segensfrage
Begehrt ihr, N.N., und N.N., im Angesicht Gottes und vor seiner
Gemeinde, die ich zu Zeugen für euren Willen nehme,
daß euer Zusammenleben
als eine liebende Partnerschaft gesegnet werde,
damit gegenseitige Hilfe statt Ausnutzung,
daß Treue zueinander statt Flucht vor einander,
daß Geduld miteinander statt Drängen gegeneinander herrsche,
so daß ihr in Schwierigkeiten wachsen

und unter gesellschaftlicher Verdächtigung eure Liebe reife
und sich für euch in Krankheit und Tod bewähre.
Begehrt ihr so Gottes Segen,
so sagt: »Herr, laß deine grenzenlose Liebe an uns wahr werden.«
Antwort
Herr, laß deine grenzenlose Liebe an uns wahr werden.

Segen
Der Herr,
der dreieinige Gott,
der schaffende Vater,
der erlösende Sohn,
der begleitende Geist:
Er stärke euch in der Liebe zueinander,
er bewahre euch in der gegenseitigen Vergebung,
er vollende euch in der gemeinsamen Hoffnung.
Amen.

Fürbittgebet
Du dreieiniger Gott,
wir bitten dich um deinen Schutz für die Liebenden,
daß die menschliche Eifersucht sie nicht verletze,
noch sie die unmenschliche Mißgunst treffe.
Du bist allein der Richter,
so bewahre die Freiheit der Liebe vor aller Gesetzlichkeit.
Du dreieiniger Gott,
wir bitten dich um die Stärkung des Respekts, den wir haben sollten
gegen Fremdes, Neues und Ungewohntes,
damit wir es nicht durch Spott und Hohn verletzen.
Du bist allein Richter,
so gib auch den Minderheiten unter uns Raum.
Du dreieiniger Gott,
wir bitten dich um die Niederlegung der Tabus und Grenzen,
daß wir nicht Dämme aufrichten, die Leben zurückhalten
und Gnade abhängig machen von unserer Lebensweise.
Du bist allein der Richter,
so gib deiner Gnade die Kraft, die Dämme bricht.
Vaterunser

Segen

Schlußlied

Predigten

Im Täglichen glücklich

Text: Psalm 68,20   *Sigrid Lunde*

Liebes Traupaar, liebe Eltern, Großeltern, Geschwister, Freunde, liebe Hochzeitsgäste!
Eine Hochzeit ist etwas Schönes und Großes – für einige ist sie das schönste Fest des Lebens. Zwei Menschen haben nach einiger Zeit des Kennenlernens, Sicherwerdens Ja zueinander gesagt, sind mit diesem Ja zum Standesamt gegangen und suchen nun Gottes Segen für den gemeinsamen Weg durch ein ganzes Leben. Daß dieser Weg glückt, ist die Hoffnung aller, die das Leben dieser zwei Menschen bisher begleitet haben und weiter begleiten möchten. Sie alle, wir alle bilden miteinander heute so etwas wie einen festlichen Kreis um Sie, liebes Traupaar – mit viel guten Wünschen, Gedanken, Geschenken. Und der Festkreis um Sie ist noch größer, als Sie ihn sehen. In Berlin, Köln, Ulm und Dresden werden jetzt auch noch viele an Sie denken. Für diese besondere Stunde hier in der schönen Kreuznacher Paulus-Kirche haben Sie sich, liebes Traupaar, das Bibelwort, Ihren Trauspruch, selbst ausgesucht. Es ist der

(Marc Chagall, Ruths Treffen mit Boas, © VG Bild-Kunst, Bonn 1994.)

20. Vers aus dem 68. Psalm: »Gelobt sei der Herr täglich. Gott legt uns eine Last auf, aber er hilft uns auch.«
Der Spruch ist etwas ungewöhnlich. Die Erwartungen bei einer Hochzeit, alle Vorbereitungen der Eltern und Freunde sind ja auf den Tenor »Freude«, »Glück«, »Liebe« gestimmt. Das Wort »Last« fällt aus diesem Rahmen, irritiert uns. »Gelobt sei der Herr« – hier trifft Ihr Spruch noch den Ton – hier klingt Hochgestimmtes, Hochzeitliches an. Aber dann wird schon das Wort nachgeschoben, das die Höhe verläßt: »Gelobt sei der Herr täglich.« Das Tägliche und die Last, das paßt dann zusammen. »Wir sind Alltagsmenschen, im Täglichen sind wir glücklich«, haben Sie beide mir gesagt, als ich mit Ihnen über das Ungewöhnliche Ihres Trauspruches sprach. Und Sie haben mich überzeugt: Ein Vielfaches an Alltagen steht wenigen Festtagen gegenüber! Auf die Alltage kommt es an, die wir oft leichtfertig leben, gedankenlos, zu mürrisch – wo wir atmen und uns doch

die Luft ausgeht. Sich für ein ganzes Leben aneinander binden heißt, sich vor allem für Alltage aneinander binden, sich für sie stark machen. Alltage sind Tage, aus denen die Last nicht wegzudenken ist.

Sie beide haben Mut zur Last bewiesen: Ihre Liebe hat auch im vergangenen Sommer nicht aufgegeben, als noch mehr als Alltage, als Tiefpunkte und Tiefstpunkte kamen. Sie haben gelernt, daß Liebe nicht vor Niederlagen bewahrt, daß Glück nicht nur mit Vergnügen und Hochstimmung zu tun hat, sondern fast mehr noch mit Sieg, mit dem Siegesgefühl, wenn wir Schweres überwunden haben, uns belastbar gezeigt haben.

Ihr Trauspruch ist ein Vers aus einem alten Siegeslied. Mich hat sehr nachhaltig beeindruckt, daß Sie, liebe B., sagen konnten: »Ich habe mich durch die Herausforderung gut gefühlt, lebendiger gefühlt als vorher, wo alles glatt ging. Ich habe nie gezweifelt, daß wir zusammenbleiben. Und wir haben jetzt richtige Hochgefühle, sind glücklicher als am Anfang.« Bei der Suche nach dem Trauspruch quer durch die Bibel sind Sie so immer wieder auf Ihr Wort aus dem Siegespsalm zurückgekommen. »Das paßt zu uns« – haben Sie gesagt! »Gelobt sei der Herr täglich. Gott legt uns eine Last auf, aber er hilft uns auch.« Der nicht eindeutige Urtext dieser Psalmstelle hat mir etwas Probleme bereitet, aber ich denke, wir können uns getrost an Luthers Wortprägung halten, die so voll ist von gutem biblischen Geist. Nichts kennzeichnet Gott mehr in der Bibel, als daß er Helfer ist. »Rufe mich an in der Not, so will ich dich erretten!« Er hat Ihre Liebe nicht wachsen lassen, um ihr dann die Lebenskraft zu nehmen. »Was unser Gott geschaffen hat, das will er auch erhalten!« – das haben wir eben gesungen. Wo der Kopf sich so voll Vertrauen zum Himmel hebt, wird aus einem uns überfordernden »ich muß die Last tragen« ein siegreiches »ich kann die Last tragen!« Mit Gottes Hilfe können Sie sich heute so getrost auf Ihr Stehvermögen, Ihre Eindeutigkeit, Beständigkeit, Gutwilligkeit ansprechen lassen, beieinander zu bleiben, »bis daß der Tod Euch scheidet«. Neue Lasten werden da sein, aber Gottes Hilfe wird auch da sein. Gott will vor allem Beistand unseres Lebens sein, weit weniger Gegenstand unseres Wissens – das ist jahrtausende-alte biblische Gotteserfahrung. »Ohne Last würde auf dieser Erde nichts zur Reife kommen« – mit großen Buchstaben hat Ihre Großmutter, lieber J., zwei Jahre vor Ihrem Tod diesen Satz auf eine Karte an Sie geschrieben. Gott legt uns eine Last auf, weil er unser Reifwerden will – und er steht uns bei, hilft uns. Die Weise, wie er uns hilft, ist so vielgestaltig wie das Leben selbst. Und die wichtigste Hilfe sollen Sie nach seinem Willen einander sein. Gleich am Anfang der Bibel heißt es, als Gottesrede überliefert: »Es ist nicht gut, daß der Mensch allein ist, ich will ihm eine Hilfe machen.« Dieses Wort gehört in jede Trauung. Und das Bild von der Erschaffung Evas aus der Rippe gehört dann auch noch dazu: Eva erscheint Adam, die Frau erscheint dem Mann als das Leben, das ihm im Innersten mangelt ... Da macht ein Mensch die glückliche Entdeckung, daß ihm der andere, die andere als die gestaltgewordene Leerstelle entgegenkommt –

als die Leerstelle, die sich uns im eigenen Inneren aufgetan hat. Die Liebe von Mann und Frau besteht seit Urzeiten bis heute in der glücklichen Empfindung, daß man sich den anderen geradezu aus den Rippen schneiden müßte, wenn es ihn nicht gäbe. (Drewermann)

»Das ist sie – die Hilfe«, so ruft Adam, der Mensch schlechthin vor Gott, als Gott dem Einsamen seine Eva zuführt. Und dieser Ausruf drückt recht genau den Eindruck von Überraschung, scheinbarem Zufall und innerer Notwendigkeit aus, der die Entdeckung der Liebe begleitet.

Es gibt eine kleine Farblithographie zum biblischen Büchlein Ruth von Marc Chagall, die sehr schön diesen Eindruck von Überraschung und innerer Notwendigkeit festhält, der dann zur Liebe, zum Liebesspiel uns unwiderstehlich auffordert. Diese Farblithographie könnte so etwas wie der zum Bild gewordene Trauspruch von Ihnen sein! Der dunkle Hintergrund redet von der Last, die Ruth zu tragen hatte. Ruth hatte nicht den Mann behalten können, mit dem sie ihre ersten Mädchenträume geteilt hatte. Sie hatte ihn verloren. Dunkel war ihr Leben geworden. Und dann geschah es eines Tages: Da rollt plötzlich Gottes Hilfe groß und rund als Sonne und Liebesball neu auf sie zu!

Der Liebesball drängt Boas Ruth entgegen – von Chagall in warmes gutes Braun gehüllt. Deutlich leuchtet in seinem Ruth zugeneigten, bärtigen Gesicht das Rot der Liebe hell auf. In Ruths Gewand aber kringelt und jauchzt diese Liebe hochzeitlich vom Kopf bis zu den Füßen. Ruth läuft auf Boas zu, die Arme der Beiden beginnen sich zu bewegen wie nach sanfter, fast hörbarer Musik. Ich denke daran, daß die Musik sich in Ihrem Fall, liebes Traupaar, ja auch als sehr stimulierend erwiesen hat! Boas und Ruth bewegen sich aufeinander zu, finden sich. Neues Leben beginnt zu wachsen, Blätter und Blüten beginnen um sie in der zur Wüste gewordenen Erde zu treiben. Die göttliche Hilfe kommt wie Boas auf Ruth und Ruth auf Boas zu, und sie kommt wie alles Göttliche auf zarten Füßen. »Gelobt sei der Herr täglich. Gott legt uns eine Last auf, aber er hilft uns auch.«

Er hilft so, daß er uns, wo immer es dunkel in unserem Leben, unserer Liebe geworden ist, neu groß und rot neues Leben und neue Liebe zurollt. Das Gottesvolk bewahrt seit 3000 Jahren seine Zuversicht darauf. Im 8. Vers Ihres 68. Psalms heißt es: »Gott, der du vor deinem Volk herzogst, da du einhergingst in der Wüste ...« Gut haben es die Menschen, die solche Hilfe Gottes haben, nicht die Verzweiflung, nicht die Mutlosigkeit.

»Wir haben nach dem dunklen Sommer eine richtige Hoch-Zeit, darum wollen wir jetzt heiraten«, so haben Sie, liebe B. und lieber J., den heutigen Hochzeitstermin begründet. Und Ihre Familien und Freunde und viele Gäste feiern nun von Herzen mit Ihnen heute Ihr großes Fest, Ihr Hochzeitsfest! Amen.

Die Lithographie »Ruths Treffen mit Boas« von Marc Chagall (1960) kann als Kunstpostkarte bestellt werden beim Kunstverlag Maria Laach unter der Nr. 5367, Tel.: 0 26 52 - 5 93 60.

»Das bißchen Weisheit, auf das es ankommt«

Text: Psalm 111,10   *Klaus Zillessen*

Beide Eheleute sind schon etwas älter, Anfang fünfzig. Für beide ist es die zweite
Ehe. Als Hochzeitsanzeige hatte das Paar Karten verschickt, auf deren Vorderseite
eine Wilhelm-Busch-Zeichnung wiedergegeben war mit den Worten »... und kein
bißchen weiser«.
Da das Paar mir nahe steht, rede ich es in der zweiten Person an.

»... und kein bißchen weiser« – so stehts auf Eurer Hochzeitsanzeige. Ein
humoriges Zitat, das vielleicht Flaxereien zuvorkommen möchte über
»Heiraten in reiferen Jahren« ... kein bißchen weiser – oder doch ein bißchen?
Im Ernst: Was bedeutet es, noch einmal zu heiraten, nachdem die Lebens-
mitte deutlich überschritten ist. Bedeutet das, noch einmal von vorn anzufangen, noch einmal von vorn anfangen dürfen, müssen oder wollen? Auf
Eurer Hochzeitsanzeige steht: »Wir *wollen* heiraten.«
»Kein bißchen weiser« – Ich verstehe das so: Ihr wollt nicht verlogen-abge-
klärt, jenseits von gut und böse, zaudernd, zögerlich und unentschlossen
sein, sondern habt Euch mit dem Wagemut und der Risikofreude – wie in
jungen Jahren – zur Ehe entschlossen. Für diesen Elan, für diese Risikofreude, bewundern wir Euch beide und gratulieren dazu.
In anderer Beziehung dann aber doch auch »... ein bißchen weiser«. Damit
meine ich nicht so sehr, daß Ihr aus Eurer je eigenen Vergangenheit mit all
den guten und bitteren Erfahrungen »gelernt« haben solltet. (Ich finde: Ehe
ist etwas zu Schönes, als daß man es mit »Schule« und »Lernen« vergle-
chen möchte.) Aber vergessen und verdrängen solltet Ihr Eure Vergangenheit auch nicht, sondern das alles in Eure Gemeinsamkeit auf gute Weise
integrieren, hinein-nehmen, so daß jeder die Erfahrungen, die Fülle und
die Last bisheriger Lebensjahre einbringt in die gemeinsamen Erfahrungen, die Ihr schon miteinander in den letzten zwei Jahren gemacht habt und
noch machen werdet. Einander daran teilhaben lassen ...
»Ein bißchen weiser ...« was heißt: » ein bißchen«? Genügt überhaupt »ein
bißchen«? Ganz weise, »fürchterlich weise« – das dürfte zu hoch gegriffen
sein – und würde zu Euch beiden auch gar nicht passen. Aber: »ein bißchen
weise« ... was ist das bißchen Weisheit, auf das es ankommt?
In der Bibel, vor allem in der Weisheitsliteratur des Alten Testamentes wird
gesagt:
Die Furcht des Herrn – die ist der Weisheit Anfang und Ursprung
(Ps. 111,10)
Die liebevolle Achtung, die achtungsvolle Liebe gegenüber Gott – das ist
das bißchen Weisheit, auf das es ankommt. »Ein bißchen weise« heißt also:

56

Eure Gemeinsamkeit, Eure Ehe, mit dem vertrauensvollen Aufblick zu Gott beginnen und führen.

Und wenn Ihr mir für diesen Hochzeitsgottesdienst Eure Konfirmationssprüche übermittelt habt, dann hat das, so denke ich, mit dieser Weisheit zu tun. Chr.'s Konfirmationsspruch: »Ihr seid alle durch den Glauben Gottes Kinder in Jesus Christus« (Gal. 3,26). Euer beider Verbundenheit miteinander ist also noch einmal eingebettet in die Verbundenheit der Gottesfamilie. Eure Verbundenheit ist getragen von der Fürsorge und Liebe des Vaters im Himmel und von dem guten Geist Jesu Christi. Das trägt auch dann, wenn Ihr mit Eurem »bißchen Weisheit« am Ende seid – und das kommt in unserem Leben ja häufiger vor als uns lieb ist.

Und dann die Weisheit von K.'s Konfirmandenspruch: »Halte, was du hast, damit niemand deine Krone nehme.« Eine Aufmunterung zur Treue (halte, was du hast, – nicht krampfhaft festhalten, oder sich anklammern, aber in Treue daran festhalten), woran in Treue festhalten? Was ist die Krone, die es festzuhalten gilt? Die Krone, Euer beider gemeinsame Krone, die Ihr von Gott bekommt und die es festzuhalten gilt, ist die Verheißung, daß in Eurem Miteinander sich Leben erfüllt, jetzt schon: in Eurer Ehe mit Arbeit und Festefeiern, das, was bleibt, als erfülltes Leben und das, was kommt, als Frucht und Lebensernte jetzt und in Zukunft.

Denn Eure Hochzeit ist ja nicht »happy end«, nicht das Ende von irgendetwas, sondern durch Gottes Güte und Segen der Anfang, oder die Fortsetzung eines Miteinanderwachsens und Miteinander-ernten-dürfens, heute, morgen und über den Tod hinaus.

Lebenserfüllung, – so wertvoll ist die Krone, so kostbar ist die Verheißung Gottes für das »bißchen Weisheit«, auf das es ankommt.

Lebenslust

Text: Prediger 3,10–13   *Jörg Rothermundt*

Die Bibelstelle, die Ihr Euch ausgewählt habt, umfaßt die ganze Weite des Lebens: Arbeit und Freizeit, Plage und Genuß, Resignation und guten Mut, das Tun Gottes und das Tun der Menschen. Ihr habt diese Stelle mit Bedacht aus vielen andern ausgewählt und signalisiert damit, daß es jetzt nicht nur um den heutigen Festtag, sondern um das ganze Leben gehen soll, das vor euch liegt.

Welcher Art ist diese Perspektive auf das Leben? Anfang der sechziger Jahre, als Ihr geboren wurdet und wir Älteren ungefähr so alt waren wie Ihr heute, herrschte trotz schwieriger weltpolitischer Lage eine recht optimistische Stimmung. Eine starke, selbstbewußte Jugend war im Vormarsch. Auf allen Gebieten wurde im Geist eines vernünftigen, rationalen Denkens modernisiert. Die ehemaligen Kolonialstaaten wurden selbständig. Ideen für eine umfassende Entwicklungspolitik entstanden. Aufbau also nicht nur in Deutschland, sondern in der ganzen Welt. Auch in der Kirche herrschte Aufbruchstimmung: Kirchenreform, Demokratisierung, II. Vatikanisches Konzil.

Verglichen damit ist die Stimmung heute skeptisch bis pessimistisch. Gerade bei jungen Leuten, die sonst viel optimistischer sind als die Älteren, herrscht ein deutliches Bewußtsein der Krise und das nicht ohne Grund. Denn kaum ist die Gefahr eines großen Krieges zwischen Ost und West gebannt, da brechen nationale Gegensätze von nie gekannter Schärfe auf. Die armen Länder sind ärmer denn je, und unsere Entwicklungspolitik hat dazu noch beigetragen. Die Gesellschaft in Deutschland wird von neuen sozialen Konflikten zerrissen und die Kirchen bieten ihrerseits ein Bild der Zerrissenheit. Wir sind sehr deutlich an die Grenzen des Machbaren gestoßen, selbst in der Medizin, die das nicht gern zugibt. Ihr beiden seid ja Mediziner und habt selbst davon gesprochen.

Dazu paßt die Stimme des skeptischen Weisen aus dem Alten Testament gut: »Ich sah die Arbeit, die Gott den Menschen gegeben hat, daß sie sich damit plagen.« Arbeit ist hier nicht Lust und Selbstverwirklichung, sondern die Kehrseite: Mühe, Plage, oft genug vergeblich. »Gott hat dem Menschen die Ewigkeit in's Herz gelegt; nur daß der Mensch nicht ergründen kann das Werk, das Gott tut, weder Anfang noch Ende.« Ewigkeit steht hier nicht nur für die Verbindung zu Gott, sondern auch für das Leben als Ganzes, für Gerechtigkeit, Frieden und Glück. Der Mensch hat eine Ahnung davon, aber er bekommt es nicht zu fassen. Das Ganze bleibt ihm ein Rätsel. Nur Gott kann das Ganze überblicken.

Welche Konsequenzen ergeben sich aus dieser skeptischen, aber doch auch realistischen Weltsicht? In der Ellbogengesellschaft von heute ist die Tendenz stark, herauszuholen, was irgend geht. Der Beruf ist ein Job, der daran gemessen wird, was er bringt. Eine Partnerschaft ist gut und schön, so lange es reibungslos läuft. Wenn nicht, trennt man sich ebenso schnell wie man zusammengezogen ist. Das ist die zynische Konsequenz aus der Ernüchterung, daß der Mensch nicht alles beherrschen kann. Es ist eine zerstörerische und selbstzerstörerische Konsequenz.

Man kann aus der Ernüchterung aber auch eine andere Konsequenz ziehen, nämlich zu unterscheiden zwischen dem, was Gottes Sache und was Sache der Menschen ist. Gott allein hat das Ganze in der Hand, Welt und Geschichte, Anfang und Zukunft. Ihm können wir das ruhig überlassen, auch wenn wir oft nicht sehen, wo alles hinaussoll. Manchmal werden wir völlig überrascht; so etwa, als sich der Ost-West-Gegensatz in einer Weise auflöste, wie das niemand erwartet hat. Das Ganze Gott zu überlassen macht frei von Anmaßung und frei, an unserm Ort etwas Sinnvolles und Hilfreiches zu tun.

In der Art, wie Ihr beide von Eurer Arbeit und von Eurer Ehe gesprochen habt, finde ich solche Besonnenheit. Der Arztberuf ist für Euch nicht nur Broterwerb, sondern der schöne Auftrag, Menschen zu helfen, und zwar sehr direkt. Aber dieser Beruf soll bei Euch nicht alles auffressen: Zeit, Kraft und Nerven. Deshalb der Entschluß, aus der Herzchirurgie auszusteigen, wo Du, L., diese Gefahr hautnah erlebt hast. Auch in Eurem Zusammenleben wißt Ihr, daß es nicht reibungslos läuft. Angesichts dessen habe ich Euch gefragt, ob Ihr das sagen wollt: »treu bleiben, bis der Tod uns scheidet«. Eure Antwort war: »Sonst brauchten wir gar nicht zu heiraten.«

Aus einer solchen nüchternen Grundhaltung kann die Freude an der Gegenwart entspringen. »Da merkte ich, daß es nichts Besseres gibt, als fröhlich sein und sich gütlich tun in seinem Leben. Denn ein Mensch, der ißt und trinkt und hat guten Mut bei all seiner Arbeit, das ist eine Gabe Gottes.« (Pred. 3,12 f.) Guten Mut bei aller Eurer Arbeit, das ist eine gute Perspektive für Euren Beruf. Fröhlich sein und sich gütlich tun, das ist eine schöne Überschrift über den heutigen Tag und Euer Zusammenleben.

Diese lebenslustige Stelle steht übrigens nicht allein im Buch des Predigers. Eine andere: »Geh hin und iß dein Brot mit Freuden. Trink deinen Wein mit gutem Mut, denn dies Tun hat Gott schon längst gefallen.« (9,7) Das ist doch ein Wort für die Hochzeit einer Rheinländerin und eines Schwaben mitten aus den Weinbaugebieten! »Laß deine Kleider immer weiß sein und laß deinem Haupt Salbe nicht mangeln!« Festlich soll die Garderobe sein und das Parfum darf auch nicht fehlen. »Genieße dein Leben mit deinem Weib, das du liebhast, solange du das vergängliche Leben hast, das dir Gott unter der Sonne gegeben hat!« Wußten Sie, daß das in der Bibel steht? Die lebenslustigen Stellen sind auch nicht auf das Alte Testament beschränkt. Jesus haben sie einen Fresser und Weinsäufer gescholten, und er hat sich dafür mit keinem Wort entschuldigt. Im Gegenteil! Er sagte: »Wo ich bin, da ist Hochzeitsstimmung.«

Sind Skepsis und Krisenbewußtsein ganz vergessen? Nein. Theresa von Avila bringt es auf den Punkt: »Fasten ist Fasten und Rebhuhn ist Rebhuhn.« Ich habe noch nie Rebhuhn gegessen. Ich weiß auch nicht, ob das heute Abend auf dem Menue steht. Aber für sie ist es der Inbegriff des festlichen Genusses, der unbeeinträchtigt sein soll vom andern, das ebenso gilt.

Liebe Ch., lieber L.: »Ein Mensch, der ißt und trinkt und hat guten Mut bei aller seiner Arbeit, das ist eine Gabe Gottes.« Ich wünsche Euch, daß Euch Gott diese gute Gabe ein Leben lang schenkt.

Das Wörtchen »mit«

Text: Prediger 9,9   *Wolfram Braselmann*

Liebes Brautpaar, liebe Gemeinde!
Wenn zwei Menschen einander neun Jahre lang kennen, kennengelernt haben und gute, schöne, mutmachende Erfahrungen miteinander gemacht haben. Wenn zwei neun Tage miteinander standesamtlich verheiratet sind. Wenn zwei miteinander das erlebt haben, was sie Höhen und Tiefen des Lebens nennen, wenn zwei miteinander durch die Jahre des Studiums, der Ausbildung, der Suche nach der Anstellung gegangen sind, wenn zwei einander nahe waren in solchen Zeiten und nun und heute hier in dieser Kirche mit uns sind, um diesen Gottesdienst zu ihrer Eheschließung zu feiern, mit uns um den Segen Gottes bitten, um heute ganz einfach mit ihren Familien, Freunden, Bekannten Hochzeit zu feiern –
dann können Sie beide, können wir alle sicher diese Worte des Predigers, diese Worte vom Genießen des Lebens mit der Frau, mit dem Mann, mit Menschen, die man liebhat, gut hören: diese Worte, die so ganz schlicht und freundlich zu einem Leben einladen, das man im Schweren, aber eben auch im Guten miteinander teilen kann.
Ein Wort, wahrscheinlich heute und jetzt gerade zur rechten Zeit: heute und jetzt, da Sie beide jeder für sich und Sie miteinander eine gute Strecke Lebensweg gemeistert haben, all das, was nun hinter Ihnen liegt: Studium, Prüfungsvorbereitungen, die Examina, die Suche nach der richtigen Stelle –
und da nun sicher dies auch im Leben dran ist: Genießen, die Früchte der Arbeit, das gemeinsame Leben, all das, was Ihnen beiden miteinander wichtig ist, was Sie gern und mit Freude miteinander tun.
Und wahrscheinlich steckt das Geheimnis dieses Verses in diesem Wort »mit«, miteinander, so, wie das Geheimnis einer Ehe in dieser Entdeckung steckt, das es eben nicht nur eine Konvention ist, zu heiraten, sondern das es gut und hilfreich ist, daß es das eigene Leben durch gute und schwere Strecken tragen kann, wenn zwei ihr Leben miteinander teilen. Denn – wem sage ich das – was wäre eine gelungene Prüfung, wäre da nicht der andere, der sich genauso mitfreut?
Was wäre die Erfüllung im Beruf, wäre da nicht der andere, der daran teilnimmt?
Was wäre das Glück des Lebens überhaupt, wäre da nicht diese Möglichkeit, dies Glück zu teilen?
Und das ist es, das Sie, das wir heute feiern, wenn wir Ihre Hochzeit feiern: Zwei Menschen, die einander zum Geschenk werden, zwei Menschen, die das Glück des Lebens miteinander und füreinander machen wollen. Indem Sie beide sich besinnen auf so viel gute Erfahrungen, die Sie miteinander

gemacht haben, sich erinnern an so viele Geschichten, die da waren seit dem Tag, an dem Sie einander kennenlernten und zueinander fanden. All das ist es ja wert, erinnert und gefeiert zu werden. Und all das läßt ja vertrauen: Auf viele solche Erfahrungen, auf viele solche Geschichten des Zueinanderfindens in Ihrer Ehe, auf viele gemeinsame Geschichten, in denen Sie miteinander und füreinander Ihre Ehe gestalten. Ihre Ehe: das Leben, von dem es in diesem Vers heißt, daß es »dir Gott unter der Sonne gegeben hat«. Ja, auch darauf besinnen wir uns hier, auf Gott, der uns Menschen das Leben gibt, auf Gott, der uns einander schenkt. Deshalb sind wir ja auch hier in der Kirche. Denn es ist schön, einander das Jawort zu geben, miteinander das gemeinsame Leben zu planen und sich darauf zu freuen. Es ist gut, dabei Menschen mit sich und um sich zu haben, die einen an diesem Tag mit guten Wünschen begleiten.

Und es ist gut, dabei den Segen Gottes für all dies, was war und was sein wird, zu hören, zu empfangen und darauf zu vertrauen. Und zuletzt sind wir eben auch dazu hier: daß wir darauf trauen, daß ER Ihrem Weg, so wie er war, und so, wie er sein wird, seinen Segen gibt.

Vom ersten bis zum letzten Tag

Text: Prediger 11,6

Eckhard Herrmann

»Man hüte sich vor der Ehe!«, hat Sören Kierkegaard einmal gewarnt ... und für diesen seinen Standpunkt auch gleich eine ganze Reihe von Argumenten angeführt, die aufzuzählen und zu bedenken heute freilich fehl am Platze wäre. Denn Ihr beide, E. und F., könnt über solch eine Mahnung wahrscheinlich nur von Herzen lachen. Ihr seid glücklich und dankbar darüber, daß Ihr Euch gefunden habt und denkt voller Zuversicht und Optimismus an Eure gemeinsame Zukunft. – Und das ist schön so.
Schön ist es auch und wichtig, daß Ihr heute nicht sagt: ›Mal sehen, was auf uns zukommt‹, ... daß Ihr Euer gemeinsames Leben nicht dem Zufall überlassen wollt, sondern daß Ihr einerseits *Gott* und seinem Segen vertraut, andererseits aber für das Gelingen Eurer Ehe auch selbst alles in Euren Kräften Stehende beitragen wollt. Das jedenfalls läßt das Wort aus der Heiligen Schrift erahnen, das Ihr Euch als Losung für den heutigen Tag und als Leitgedanken, als Richtschnur für Eure herausgesucht habt:
»Am Morgen beginne zu säen; und auch gegen Abend laß deine Hand noch nicht ruhen.«

Dieses Wort, liebe Mitchristen, ist der alttestamentlichen Weisheitsliteratur entnommen. Es stammt aus der Feder eines Menschen namens »*Kohelet*«, von dem wir nahezu nichts wissen. Allenfalls können wir seinem Buch entnehmen, daß es ihm in seiner Philosophie und in seiner Theologie immer um die *Gesamtheit* des Lebens, um das *Ganze* ging. Nicht nur einzelne Situationen hatte er im Blick, sondern das Leben in seiner ganzen Komplexität und Kompliziertheit. Dieses Denken verbirgt sich auch hinter Eurem Trauspruch. – Vom ersten bis zum letzten Tag Eures gemeinsamen Lebens, von morgens bis abends seid Ihr angehalten, Euren persönlichen Beitrag in Eure Ehe einzubringen. Von Eurer Phantasie, von Euren Ideen, von Eurem guten Willen, von Eurer Liebe wird es zu einem großen Teil abhängen, ob Eure Ehe so wird, wie Ihr Euch das heute vorstellt und wünscht. Ihr *könnt* und Ihr *müßt* Eure Ehe gestalten. Jeden Tag, jeden Morgen von neuem. Eure jeden Tag gleiche und dennoch immer wieder andere Aufgabe ist es, zu *säen* und die Saat zu *pflegen*.

Denn die Ehe, das ist – um im Bild des Kohelet zu bleiben – ... die Ehe, das ist eine anspruchsvolle Pflanze, die – wie jede andere Pflanze auch – von Zeit zu Zeit blühen und von Zeit zu Zeit die Blätter hängen lassen wird, ... eine Pflanze, die manchmal nach der heißen Sonne und dann wieder nach dem erfrischenden Regen lechzt.

Deswegen der Rat:

»*Am Morgen beginne zu säen; und auch gegen Abend laß deine Hand noch nicht ruhen.*«

Die ›heiße Sonne‹ und der ›erfrischende Regen‹ ... das ist Eure Lebensfreude und Eure Freundlichkeit, ... das ist Eure gegenseitige Achtung und Eure Rücksichtnahme, ... das ist Eure Ehrlichkeit und Eure Bereitschaft, einander zu vergeben, wenn Ihr Euch gegenseitig einmal wehgetan habt, ... die ›heiße Sonne‹ und der ›erfrischende Regen‹, ... das ist so Vieles, das Ihr mitbringt und zur Freude Eures Partners und zum Gelingen Eurer Ehe einsetzen könnt. Liebe E., lieber F., *spart nicht mit diesen guten Gaben;* denn Ihr habt *genug* davon!

Nun habt Ihr ja vor ein paar Wochen schon standesamtlich geheiratet und damit alles Notwendige unternommen, daß Eure Ehe vor dem *Gesetz* gilt. Aber Euch war und ist das nicht genug; denn die Ehe, das soll für Euch nicht nur ein »weltliches Geschäft« sein, wie Martin Luther das einmal gesagt hat. In *Eurer* Ehe, da soll auch *Gott* einen festen Platz haben.

Was immer der Mensch auch tut: Irgendwann stößt er an seine Grenzen. Irgendwann kommt er an einen Punkt, von dem aus er nichts mehr tun *kann;* von dem er die weitere Entwicklung einem »anderen« überlassen muß. Säen, pflegen und rastloses Arbeiten vom Morgen bis zum Abend, ... das ist das eine. Darauf *vertrauen,* daß die angefangene Arbeit auch zum *Erfolg* führt, das ist das andere. Wie jede Pflanze, so benötigt auch jede Ehe neben dem ernsthaften Einsatz und der persönlichen Fürsorge den *Segen Gottes,* der weiterführt, was wir begonnen haben und der schließlich das angefangene Werk vollendet. Auf diesen *Segen Gottes* könnt und wollt Ihr Euch verlassen; auf ihn könnt und wollt Ihr vertrauen.

»Werft Euer Vertrauen nicht weg; denn es findet reichen Lohn« (Hebräer 10,35) schreibt der Verfasser des Hebräerbriefes. – Haltet fest an Eurem Vertrauen zueinander *und* zu Gott. Dann werden die vielen Knospen dieser heute noch so jungen Pflanze »Ehe« bald schon aufgehen und prächtig blühen.

Liebe E., lieber F., wir, die wir heute diesen Gottesdienst mit Euch feiern dürfen, wir wünschen Euch, daß es Euch gelingt, täglich mit neuen Ideen und Konkretionen zu füllen, was Ihr Euch vorgenommen habt:

»Am Morgen beginne zu säen; und auch gegen Abend laß deine Hand noch nicht ruhen.«

Wir wünschen Euch für Eure Ehe viele schöne Erlebnisse und viele frohe Stunden miteinander, wo nötig Geduld und Verständnis und aufmunternde Worte füreinander und an allen Tagen – vom Morgen bis zum Abend – Gottes gute und segensreiche Begleitung.

Ein Kompaß für den rechten Weg

Text: Jeremia 29,13+14   *Helmut Marschall*

Liebe Gemeinde, liebes Hochzeitspaar!

»So ihr mich von ganzem Herzen suchen werdet, so will ich mich von euch finden lassen, spricht der Herr.«

Diese Worte aus dem Buch des Propheten Jeremia aus dem Alten Testament haben Sie sich als Trauspruch ausgesucht. »So ihr mich von ganzem Herzen suchen werdet, so will ich mich von eich finden lassen, spricht Gott.«

Ich habe hier in meiner Hand einen kleinen Kompaß. Er ist etwas leicht und ob ich mich mit ihm in die Wildnis trauen würde, weiß ich nicht. Aber für den einfachen Gebrauch, um einen neuen Weg zu finden oder um an ein nicht zu sehr verstecktes Ziel zu gelangen, dafür scheint er auszureichen. Wie wäre es wohl, wenn es auch für unsere Suche nach einem guten Weg ins Leben so einen Kompaß gäbe, der uns hilft, zielsicher immer den richtigen Weg zu finden? Wie wäre es wohl, wenn Sie beide diesen Kompaß jetzt in die Hand nehmen könnten, damit er Ihnen den richtigen Weg weist, der in eine glückliche Zukunft führt und Ihnen hilft bei der Suche nach einem erfüllten gemeinsamen Leben? Ja, gar den Weg zu Gott und mit Gott finden hilft, denn: »Wenn ihr mich von ganzem Herzen suchen werdet, so will ich mich finden lassen, spricht Gott.«

Das wäre doch eine ganz feine Sache. Spielen wir einmal mit diesem Gedanken. Vielleicht ginge es so: Wenn wir nach der Trauung aus der Kirche wieder ausziehen, könnten Sie beide ja gleich damit beginnen. Dann könnte der Kompaß zunächst den Weg zum Eichenhamm weisen, wo nachher ordentlich gefeiert wird. Doch so eine Feier ist schnell vorbei und der Alltag kommt bald wieder.

Übermorgen, im Alltag, müßte der Kompaß sich dann neu ausrichten lassen. Z. B. auf einen sicheren Weg, der Ihnen beiden eine gesunde wirtschaftliche Zukunft schenkt. Auf einen Weg, der zu zwei sicheren Arbeitsplätzen führt, die Ihnen beiden die Möglichkeit schaffen, den Lebensunterhalt zu verdienen. Damit würde Ihnen und Ihren Familien gewiß eine Last genommen werden, die Sie beide aus eigener Kraft beim besten Willen nicht selber abwerfen können. Der Kompaß könnte dann den Weg zu zwei Schulen weisen, in denen Sie beide als Lehrerin und Lehrer Ihrem Beruf nachgehen könnten.

Anschließend könnten wir den Kompaß ausrichten auf ein Ziel, daß am Anfang vieler Ehen ganz im Vordergrund steht: das Ziel, eine gute, zufriedenstellende Lebensform miteinander zu finden. Für Sie beide heißt dieses Ziel ganz eindeutig »Partnerschaft«. Und Partnerschaft heißt wiederum, nicht nur gemeinsam unter einem Dach zu leben, sondern dieses Leben mit gegenseitigem Geben und Nehmen zu füllen. Dabei dann gar die traditionelle Rollenverteilung in der Ehe so weit zu verwischen, daß jeder von Ihnen beiden bereit ist, in die Rolle des jeweils anderen einzuspringen; vielleicht gar jede Form von Rollenverteilung aufzugeben ist das hohe Ziel, zu dem der Kompaß den Weg weisen könnte.

Daß dabei natürlich ein glückliches und harmonisches Miteinander die Basis ist, brauche ich nicht extra zu erwähnen. Liebevoll miteinander umzugehen, freundlich, gutmütig, ehrlich, aufrichtig und treu zu sein – das sind Werte für ein Leben als Ehepaar, von denen Paulus schon wußte, als er seinen Brief an die Korinther schrieb. Wir werden das nachher noch hören, wie er mit diesen Worten die Liebe beschreibt. Aber einander beizustehen, sich gegenseitig zu vergeben, wenn einmal ein böses Wort fällt, aufeinander zuzugehen, wenn man eigentlich furchtbar sauer ist – all das sind die Zeichen jener Liebe, die sie mitbringen in Ihre Ehe und die Sie beide ja ganz am Anfang überhaupt zusammengeführt hat.

Wenn dann schließlich unser Kompaß bei der Suche geholfen hat, Ihren Weg ins Leben zu finden, dann richten wir ihn am Ende auf das große Ziel aus, gemeinsam im Kreise der Familien, aus denen Sie beide kommen, mit Gottes Hilfe in Frieden und in einem erfüllten Leben miteinander alt zu werden.

So könnte das gehen, mit unserem Kompaß. So könnte er helfen bei Ihrer Suche nach einer guten gemeinsamen Zukunft. Als Wegweiser in eine erfüllte Zeit als Ehepaar könnte er eine Hilfe sein.

Und verlockend ist natürlich nun auch der Gedanke, man könnte ihn am Ende einsetzen, um einen Weg mit Gott und zu Gott zu finden. Aber an dieser Stelle können wir ihn getrost aus der Hand legen. Denn es verhält sich gerade umgekehrt.

Um Gott zu finden, braucht es keinen Kompaß. Ihr bewußt ausgewählter Trauspruch erinnert uns ja daran: Gott wird mit dem Herzen gesucht. Und in Ihrem Herzen hat er bereits seinen Platz.

Seine Gegenwart in Ihrem Leben gibt Ihnen beiden bereits die Kraft und die Zuversicht, ein Leben miteinander zu beginnen. Seine Gegenwart in Ihrem Herzen macht sie beide stark und mutig, auch unter einigen belastenden Vorzeichen voller Hoffnung und Freude in die Zukunft zu schauen.

Und wenn Sie schon heute im Rückblick auf bereits gemeinsam verlebte Jahre sagen dürfen: Unser Gottvertrauen, daß die Zeit miteinander eine gute Zeit wird, hat uns wechselseitig stark gemacht; es hat uns in der Vergangenheit geholfen, und wir werden weiter nach Gottes Gegenwart in unserem Leben suchen, damit er uns auch in der Zukunft hilft – dann sind Sie auf der Suche nach Gott schon sehr weit. Daß er sich dann auf dieser Suche im Leben auch finden läßt, sagt er Ihnen zu. Im Trauspruch ebenso, wie in dem Trausegen, den Sie beide gleich empfangen werden. Diesen Zuspruch nehmen Sie beide mit in Ihre Ehe. Und nehmen Sie ruhig auch diesen Kompaß mit, der Sie an den Mut erinnert, sich auf den Weg zu machen und weiter zu suchen nach einem Leben mit Gott, daß Ihnen beiden eine gesegnete Zukunft schenkt. Freuen Sie sich von Herzen auf die Zeit, die vor Ihnen liegt. Bei soviel aus Gottvertrauen gewachsenem Selbstvertrauen wird es eine gute Zukunft.

Eine gemeinsame Wurzel

Predigt für eine jüdisch-christliche Hochzeit   *Wolfgang Herrmann*

Eine jüdisch-christliche Hochzeit ist etwas Seltenes und Kostbares in Deutschland. Beide hatten sich in den USA kennengelernt, kamen nun aber in die Heimatgemeinde der jungen Frau (dem christlichen Teil dieser Ehe), um dort einen Hochzeitsgottesdienst zu feiern. Die Feier fand bei schönstem Wetter im Freien statt und ging nahtlos in den »weltlichen Teil« über. Als Predigttext hatten wir das Buch Ruth ausgewählt; und bei der Vorbereitung las ich es plötzlich mit ganz anderen Augen als bisher: Eine Nichtjüdin heiratet einen Juden; damals wie heute. Und die Folgen sind bemerkenswert.

Die Feier hatte einen betont schlichten Ablauf. Nach einem einleitenden Lied, der Begrüßung und einem Gebet folgte als Lesung eine Paraphrase von Gen. 1 (deutsch und englisch, für die Gäste aus den USA) und nach einem weiteren Lied die Predigt. Daran schlossen sich Gebet und Konsenserklärung mit Segen an; unsere traditionelle Form erwies sich problemlos als geeignet. Das Vaterunser sprachen die Christen allein; und für den jüdischen (sehr liberalen) Teil der Gemeinde sang ich das Segensgebet aus dem Kiddusch »Osseh shalom« (O Herr des himmlischen Friedens) auf hebräisch und deutsch. Mit dem aaronitischen Segen schloß die Feier.

Wo du hingehst, da will ich auch hingehen;
wo du bleibst, da bleibe ich auch.
Dein Volk ist mein Volk,
und dein Gott ist mein Gott.
wo du stirbst, da sterbe ich auch,
da will ich auch begraben werden.
Der Herr tue mir dies und das,
nur der Tod wird dich und mich scheiden.
Ruth 1,16+17

Wherever you go, I will go;
wherever you live, I will live.
Your people will be my people,
and your God will be my God.
Wherever you die, I will die,
and that is where I will be buried.
May the Lord's worst punishment come upon me
if I let anything but death separate me from you.

Liebe D, lieber A!
Liebe Eltern und Verwandte, Freunde und Gäste!

I. Das Wort, das ich eben gelesen habe, stammt aus dem Buch Ruth, und ich habe es schon öfter bei Hochzeiten ausgelegt. Denn Ruth ist eine biblische Hochzeitsgeschichte. Es ist eine uralte Geschichte aus ferner Zeit, doch so schön und lebendig erzählt, daß Goethe, der es ja beurteilen konnte, einmal bemerkte, es sei die schönste Novelle der Weltliteratur. – Gut und schön, – wenn ich nun diese idyllische alte Geschichte heute nacherzähle, dann ist sie plötzlich ganz aktuell und wie für den heutigen Tag geschrieben.

In dieser Geschichte heiratet ein Jude eine nichtjüdische Frau. Beide entdecken, daß die Liebe keine Kultur- und Religionsgrenzen kennt, politische schon gar nicht. Und daß auch »Gott« mehr ist, als der Besitz einer einzelnen Religion, die sich von anderen abgrenzt. Außerdem ist es eine Geschichte von selbstbewußten Frauen und einem liebenswerten Mann in einer patriarchalischen Zeit. In dieser Hinsicht ist die Geschichte überraschend modern.

Im Judentum gehört das Buch zu den fünf biblischen Büchern, die an den höchsten Feiertagen in der Synagoge gelesen werden. Ruth wird am Fest Sukkoth, dem Laubhüttenfest, gelesen. Das ist ein altes Erntefest.

Ihr beide, A. und D., stammt aus verschiedenen Kulturen und Religonen, sprecht verschiedene Muttersprachen, wart durch einen ganzen Ozean voneinander getrennt – und habt Euch doch in einem gemeinsamen Boot getroffen, kennen- und liebengelernt. Bei einer Wildwasserfahrt ... Und nun verbindet Ihr nicht nur Deutsche und Amerikaner, die einmal Feinde waren, sondern auch Juden und Christen mit ihrer leidvollen Geschichte der Abgrenzungen, Vorurteile, Verfolgungen und Gemeinheiten. Heute entdecken wir die vergessene Wahrheit, daß unsere Wurzel nur *eine* ist, *ein* Gott und Ursprung des Lebens, daß wir den größten Teil der Bibel miteinander teilen und mehr oder weniger die gleichen oder ähnliche Feiertage feiern und daß wir allen Grund haben, die Aufgaben des Lebens gemeinsam anzupacken und gemeinsam dem Bösen die Stirn zu bieten.

II. Aber ich will nicht den Fehler machen, über eine Geschichte zu reden; man muß sie erzählen, gerade wenn es sich um eine dieser wunderbaren orientalischen Geschichten handelt. Sie stammt aus der reichen Welt der alten Geschichtenerzähler, die mir verzeihen werden, wenn ich sie jetzt ein wenig zusammenfasse.

Wir müssen in Gedanken eine weite Reise machen, – mit der Zeitmaschine in die ferne Vergangenheit vor etwa 3000 Jahren. Dort geraten wir nach Bethlehem, dem Dorf südlich von Jerusalem, eine kleine bäuerliche Siedlung. Die Menschen bestellten den Boden, warteten auf Regen, bangten der Ernte entgegen, und wenn es ein gutes Jahr war, feierten sie frohe Erntefeste.

Nun herrschte aber eine Hungersnot. Die Armut war so groß, daß viele zum Auswandern gezwungen wurden; »Wirtschaftsemigranten« sagen wir heute. So auch ein Mann namens Elimelech. Mit seiner Frau Noomi und zwei Söhnen zog er über den Jordan nach Osten ins Land der Moabiter. Dort konnte die Familie überleben. Elimelech starb; die Mutter zog die beiden Söhne groß und die heirateten Töchter des Landes. Aber die Schicksalsschläge hatten noch kein Ende; auch die beiden Söhne starben. Die Mutter blieb bei den Schwiegertöchtern, beide noch kinderlos, zurück. Sozusagen eine »alleinerziehende Frau«, wieder modern gesprochen. Wie sollten die drei Frauen überleben?

Noomi hatte erfahren, daß die böse Zeit in Bethlehem zuende war. Man konnte dort wieder leben. Was sollte sie also noch im fremden Land? Sie beschließt, in die alte Heimat zurückzukehren und sagt den beiden Schwiegertöchtern: »Bleibt ihr hier und sucht euch Männer aus eurem Volk; ich habe ja keine Söhne mehr, die ich euch geben könnte.« Unter Tränen nimmt die eine der beiden jungen Frauen Abschied. Die andere aber, Ruth, spricht die berühmte Worte, die ich zu Beginn gelesen habe. »Wo du hingehst, da will auch ich hingehen ...«

Zwei Frauen machen sich auf den Weg nach Bethlehem. Sie müssen um ihr Überleben kämpfen. Sie sind arm und in der Welt der Männer fast rechtlos.

Sie erreichen Bethlehem zur Zeit der Gerstenernte, und Noomi schickt Ruth aufs Feld, um dort die nach dem Abernten liegengebliebenen Ähren zu lesen. Das war Armenrecht und ist es zu allen Zeiten gewesen. Die listige Noomi hat Ruth aber nicht auf irgendeinen Acker geschickt, sondern auf einen ganz bestimmten. Der junge Bauer, Boas, bemerkt die fremde junge Frau und spricht sie an. Ihr Schicksal rührt ihn; und er gibt den Knechten Anweisung, genug liegenzulassen, damit sie reichlich sammeln kann. Im übrigen aber sollen sich die Knechte von der Frau fernhalten; als Fremde war sie ziemlich schutzlos. Und in der Mittagpause bekommt sie auch zu essen.

Abends bringt sie freudestrahlend einen Scheffel Gerste nach Hause und erzählt von der glücklichen Begegnung. Da nimmt der Plan der klugen Schwiegermutter Gestalt an.

Um den zu verstehen, muß man einen Brauch der damaligen Zeit kennen. Starb ein Ehemann und hinterließ keine Kinder, so hatte der nächste unverheiratete Verwandte die Pflicht, die Witwe zu heiraten und ihr, sozusagen stellvertretend für den Verstorbenen, einen Sohn zu zeugen, der dann das Erbe des toten Vaters antreten konnte. Nur so blieb das Eigentum in der Familie.

Das Gesetz war natürlich nicht besonders beliebt; es führte leicht zu Verwicklungen. Aber zur Zeit von Ruth und Boas war es in Kraft. Und darauf baute Noomi. Ihr Motto war sozusagen »How to get a millionaire«, – um an einen berühmten Marilyn-Monroe-Film zu erinnern. Boas war wohl kein Millionär, aber unverheiratet, und er war ein entfernter Verwandter. Also hatte er sozusagen die Pflicht, Ruth zu heiraten. Damit hätte natürlich die Armut der beiden Frauen ein Ende und ihr Überleben wäre gesichert. Außerdem hatte Elimelech auch etwas Landbesitz hinterlassen, der ihnen wieder zugefallen wäre.

Es kam, wie es kommen mußte. Während der ganzen Erntezeit ging Ruth aufs Feld des Boas. Und nun kam die Zeit des Dreschens. Da erhält sie von Noomi den Rat: »Heute Nacht gehst du auf die Tenne; Boas schläft dort.« (Sicher ist sicher, das Korn mußte bewacht werden.) Ruth macht sich schick und geht am Abend auf die Tenne. Was dort im Einzelnen geschieht, verschweigt die Geschichte. Es geht uns auch nichts an. (Das ist immer so mit den Liebespaaren!) Praktisch kommt jedenfalls ein Heiratsantrag dabei heraus: Ruth klärt Boas auf, was von ihm erwartet wird. Vielleicht hat er es ja schon längst geahnt.

Allerdings, – da ist noch ein näherstehender Verwandter, der deshalb die größeren Rechte hat. Das muß erst geregelt werden.

Ganz früh am Morgen schickt Boas Ruth nachhause. Niemand soll wissen, daß da nachts eine Frau auf der Tenne war. Boas selber geht zum

Stadttor. Das ist der Ort, wo damals die Rechtsgeschäfte verhandelt wurden. Dort trifft er den anderen Verwandten, der sehr wohl den Acker übernehmen will, den Elimelech hinterlassen hat. Als er aber hört, daß dafür auch eine Frau, noch dazu Ausländerin, mitgeheiratet werden muß, verzichtet er dankend. Der Weg für Ruth und Boas ist frei, und die Hochzeit kann gefeiert werden.

Ende gut, alles gut. Die beiden bekommen ein Kind, und dieses Kind wurde der Großvater des späteren Königs David, der ja ein Bauernsohn aus Bethlehem war. Und so kommt es, daß der Jude Boas und die Moabiterin Ruth im Stammbuch von Jesus auftauchen, der ja ein Nachkomme der Davidsfamilie ist.

Und der in eben demselben Bethlehem geboren wurde, in dem auch unsere Geschichte spielt. Bethlehem heißt auf deutsch »Brothausen«; und es ist ja tatsächlich eine Brotgeschichte, die wir da gehört haben: die Geschichte von der Hungersnot, vom Ährenlesen, vom Überleben zweier Frauen.

Jesus hat später den Satz »unser tägliches Brot gib uns heute« genau in die Mitte seines Gebetes, des Vaterunsers, gestellt. Er kannte natürlich die Geschichte von Ruth und Boas, seinen Vorfahren.

III. Es ist die Geschichte von tapferen Frauen und anständigen Männern, die ihr Leben meistern. Eine sehr menschliche Geschichte und eine Friedensgeschichte dazu. Denn alles, was erzählt wird, vollzieht sich ohne Haß und Gewalt. Das ist in dieser Welt, damals wie heute, eher die Ausnahme. In einer Situation, in der es um das nackte Überleben geht, erfahren zwei Fremde Menschlichkeit, Güte, Großzügigkeit.

Natürlich ist es auch eine Liebesgeschichte. In verschiedenen Formen hören wir von der Liebe: Zwischen Mann und Frau natürlich, aber auch zwischen den Frauen. Eine Geschichte von Treue, Not und Glück.

Und es ist eine Glaubensgeschichte. Von Gott ist zwar nicht viel die Rede; »ganz wie im wirklichen Leben«, würden wir heute sagen. Er ist ganz alltäglich gegenwärtig, in Freude und Leid, ohne daß viele Worte gemacht werden: als Begleiter auf dem Weg, als Beschützer der Armen, als der, der Liebe und Treue segnet. Gott steckt sozusagen in der Qualität der Menschlichkeit von Noomi, Ruth und Boas.

Und so ist das eine Geschichte, die so oder so ähnlich immer wieder geschehen kann und geschieht, – zum Beispiel unter ganz anderen Umständen und in einer anderen Zeit und Welt als Geschichte von A. und D. Auch wenn Euer Lebenskampf nicht so hart ist, wie der von Ruth und Noomi damals, so gibt es doch genug Herausforderungen, denen Ihr Euch stellen müßt und für die Ihr Solidarität und Segen braucht.

Solidarität ist Eure Sache und Sache der Menschen, die zu Euch gehören. Der Segen ist Gottes Sache und ist ein Teil der Liebe. Wenn wir lieben, sind wir in Gott und Gott in uns: Das ist es. Amen.

Richtet nicht!

Aus einer ökumenischen Trauung
Text: Matthäus 7,1+2

Helmut Siegel

Liebe Gemeinde und vor allem: liebes Brautpaar!
Es gibt Sätze, die erzielen bei uns den sogenannten »Kopfnicker-Effekt«.
Wir hören sie und sagen: »Ja, ganz richtig. Ganz wichtig, sage ich ja auch
immer, man soll nicht richten. Und wir tun das ja auch nicht, schon gar
nicht bei einer Hochzeit.«
Da geht uns anderes durch den Kopf; da denken wir z. B.: »Die Braut sieht
wirklich entzückend aus. Obwohl: ein weißes Brautkleid, das wäre vielleicht doch besser gewesen.« Oder: »Ein schönes Paar die beiden, und auch
so verliebt ineinander, allerdings: Er ist Akademiker, so ein gelehrter
Mann, und sie ist Krankenschwster, klar, nicht dumm, aber so ein Bildungs-
gefälle, ob das gutgeht?« Oder: »Also, ich bin für klare Verhältnisse: entweder evangelisch oder katholisch – aber ›ökumenisch‹? Was es heutzutage
alles gibt!« Oder mancher denkt, was ich gedacht habe: »Treffend gesagt
von Jesus, dies ›Richtet nicht!‹ Aber: ein passender Text für die Trauung?
Da werden sicher viele die Stirn runzeln!«
Ja, und wir merken bei diesen oder anderen Gedanken gar nicht, zu was wir
vorhin genickt haben, und Christus muß noch einmal sagen: »Ich sagte
doch: ›Richtet nicht!‹« – Und so wären wir ertappt bei unserer Lieblings-
beschäftigung, eben: Dem Richten und Urteilen.
Sie, liebes Brautpaar, haben sich diese Sätze Jesu ja auch nicht deswegen als
Trautext ausgesucht, weil Sie meinten: »Das muß anderen gesagt werden!«,
sondern als Worte für sich selbst. Denn das haben Sie für Ihre Ehe als ent-
scheidenden Maßstab erkannt: Darauf verzichten, den anderen zu beurteilen, festzulegen, zu messen; offen wollen Sie sein füreinander, für neue
Situationen.
Wie schwierig das ist, werden Sie in den knapp 2 Jahren, die Sie sich nun
kennen und lieben, gemerkt haben.
Da wird es genügend Augenblicke gegeben haben, wo Sie gedacht haben:
»Typisch Frau« oder »eben typisch norddeutsch«, manches eben als
»katholisch« bemängelt haben oder gedacht: »Er ist eben ein Protestant«.
Und weil Sie wissen, daß die Gefahr, immer wieder ins beurteilen zu fallen,
nicht dann vorbei ist, wenn man den Entschluß faßt, dies nun aber endgül-
tig zu lassen, darum dieser Trauspruch.
Und ich meine, es wird oft genug nötig sein, daß Sie sich von diesen Worten
Jesu ermahnen lassen:
Wenn vielleicht in ein paar Jahren Ihre Frau, Herr Sch., doch meint: »Ich
will ganz für meine Kinder da sein, nicht mehr in meinem Beruf arbeiten!«,
dann liegt es ja so nahe, zu sagen: »Früher hast Du doch gemeint, daß . . .«

Oder wenn Ihr Mann, Frau Sch., dann eine Meinung vertritt, die Sie überrascht, ist schnell gesagt:»Das paßt doch gar nicht zu Dir …«
Sie sind so schnell gedacht und gesagt, so Sätze wie:»Das hätte ich mir denken können. Du tust ja immer …« oder:»Das sieht Dir ähnlich …« oder:»Früher, da hast Du mehr Zeit für mich gehabt, Dich für dies oder jenes interessiert …«»Du wolltest doch nie …« – Sätze, die alle versteckte Urteile enthalten, Urteile gefällt nach einem Maßstab, den Sie irgendwann einmal gewonnen haben, dann übertragen auf die neue, ganz andere Situation.
»Nein«, sagt Jesus,»Richtet nicht.«
Ich denke, spätestens jetzt ist es Zeit zur kritischen Rückfrage an Jesus:»Und warum nicht?? Richten – ist das denn unbedingt etwas Schlechtes? ›Richten‹ das muß doch nicht ›aburteilen‹ und ›verurteilen‹ bedeuten, das kann doch ein ›Zurechtrücken‹, ›Ausrichten‹, ›Aufrichten‹ sein! Eine Hilfe für den andern!«
Nach all dem, was ich von Jesus weiß, würde er sich von diesen Argumenten nicht überzeugen lassen, sondern dabei bleiben:»Richtet nicht!«
Denn wer den andern aufrichten, ausrichten, zurechtrücken will, der hat einen ganz bestimmten Maßstab, an dem er den andern mißt, nach dem er ausrichtet. Das ist vielleicht ein Idealbild, dieser Maßstab kann auch in dem bestehen, wie man seine Frau, seinen Mann einmal erlebt hat.
Eben das ist das Merkmal des Richtens, daß ich Erlebtes, Vergangenes zum Maßstab nehme und nicht mehr den ständigen Wandlungen des anderen, der Ehe gerecht werde: z. B. die Situation der ersten Liebe verewigen will, wenn man zu Dritt ist; wenn man das, was man bei anderen Paaren als scharfer Beobachter als negativ erlebt hat, zum endgültigen Verbot erhebt und verurteilend den Zeigefinger hebt:»Das soll aber bei uns ganz anders sein!«
»Nein«, sagt Jesus,»Richtet nicht! Nur dann werdet ihr den stetigen Wandlungen des Lebens gerecht, die ihr als Wandlung des Partners, als Wandlungen an euch selbst, als Wandlungen der Situationen erlebt.«
Aber der Maßstab, Jesus! Es muß doch einen Maßstab für das Leben geben! Ob nun evangelisch oder katholisch, die Kirchen vertreten doch bestimmte Maßstäbe. Ohne Maßstäbe kann man doch nicht leben!
»Nein«, sagt Jesus,»Ohne Maßstab könnt ihr nicht leben, das ist wahr. Aber der einzige Maßstab der zählt, ist die Liebe zum anderen, zum andern, so wie er nun mal ist, wie ihn Gott dir heute anvertraut. Einen anderen Maßstab gibt es nicht; und die Kirchen, die vergessen eben leider auch immer wieder, daß alle Gebote, Verbote und Empfehlungen nur einen Maßstab haben: Die Liebe. Das ist der Maßstab, nach dem Gott euch richtet: seine Liebe zu euch, die in mir Gestalt gewonnen hat. Und die Liebe ist der einzige Maßstab, nach dem ihr euch immer wieder ausrichten und an dem ihr euch immer wieder aufrichten könnt.«
Kein leichter Weg ist das, liebes Brautpaar; an Jesus wird deutlich, dieser Weg kann bis ans Kreuz führen. Es ist sicher ein Weg, von dem Sie wie wir

alle immer wieder abkommen und darum immer wieder von Jesus zurückgerufen werden müssen. Aber es ist der einzige Weg, bei dem Sie beide *Gefährten* sind, nicht der eine über dem andern steht.

Sie werden es erleben: Gelingt es Ihnen immer wieder, daß fruchtlose Pendeln zwischen Richtertribüne und Anklagebank zu vermeiden, werden Sie vorwärts kommen.

Wohin? In einem alten Kirchengebet wird für das Brautpaar gebeten: »... daß eins das andere mit sich in den Himmel bringe«. Eine altertümlich klingende Zielangabe, aber – in der Tat – eine zutreffende. Denn den Maßstab des Gerichtes über Sie, am Ende Ihres Lebens, den wählen Sie selbst. Darum: Richtet nicht!

Amen.

Ins Stammbuch geschrieben

Text: Matthäus 28,20   *Ludwig Burgdörfer*

Jedes Ehepaar erhält bei der standesamtlichen Trauung ein Stammbuch. Zur Eintragung der kirchlichen Trauung gelangt es auch in die Hand des Pfarrers/der Pfarrerin. Es zum Gegenstand der Betrachtung zu machen, hat seinen Reiz.

Ich möchte Ihre Ehe vergleichen mit einem Buch. Es ist längst aufgeschlagen. Das Vorwort ist gelesen, und wir sind im ersten Kapitel. Es wird ein spannendes Buch, keine Frage, ein Buch mit Höhen und Tiefen, ein Buch, das das Leben schreibt eben. ›Das gemeinsame Lebensbuch‹ möchte ich es nennen. Es könnte hier dieses Stammbuch sein. Das ist Ihr erstes gemeinsames Buch, das es nur gibt, weil es Sie beide gibt und Ihre Liebe zueinander. Die Liebe schreibt Bücher. Schlägt man es auf, ganz vorne, dann steht da als erstes Ihr gemeinsamer Name. Die erste Seite danach ist Ihre Heiratsurkunde vom Standesamt. Der Anfang ist gemacht. Rechtlich sind Sie heute bereits als zwei verheiratete Leute in diese Kirche gekommen. Das erste Kapitel ist eröffnet. Das ist nämlich das Besondere am Lebensbuch einer Ehe: Es ist nicht schon fest geschrieben, sondern die Eheleute schreiben es selbst. Sie tragen ein, was ihre Geschichte ausmacht, was sie erleben. Sie sind die Schreiber ihres Stammbuches. Nach der Heiratsurkunde folgt der Eintrag über die kirchliche Trauung. Bewußt am Anfang vor Gottes Angesicht getreten zu sein mit der Bitte: ›Herr, segne unseren gemeinsamen Weg‹ – das ist wichtig, das ist eine Stammbucheintragung wert. Das ist der Grund, warum wir uns hier versammelt haben. Dann folgen die Abstammungsurkunden der zu erwartenden Kinder. Vier sind schon drin – aber da gibt's bestimmt noch Vordrucke, die dazugeheftet werden können ... Wir wünschen Ihnen beiden von Herzen, daß Gott Ihnen gesunde Kinder schenkt und Ihr gemeinsamer Lebensweg dadurch bereichert und gesegnet sein wird. Das Stammbuch geht aber auch noch weiter bis zum Ende. Deshalb ist der Tod darin nicht tabu, sondern unsere Sterbeurkunde ist schon mit eingeheftet in unser Stammbuch. Wir wissen, daß wir einander ein Leben lang treu bleiben können und trotzdem irgendwann auseinandergehen müssen. Das bleibt keinem Ehepaar erspart. Das gehört zu unserem Leben dazu. Deshalb ist es zu Recht zwischen diesen beiden Buchdeckeln untergebracht. Aber jetzt wird es besonders wichtig, was uns Ihr Trauspruch sagt: Jesus Christus spricht: »Ich bin bei Euch alle Tage ...« Es mag sein, daß wir irgendwann nicht mehr zueinander sagen können: Ich bin bei dir! Einen gibt es, der bleibt, der ist uns nah über unsere Grenzen hinaus, weil er selbst den Tod besiegt hat und lebt. Deshalb haben wir allen Grund, Ihn als Herrn unseres Lebens, auch als den Schirmherrn unserer Ehe anzusehen und ihn zu bitten: ›Bleibe bei uns, Herr!‹

16.9.95 in L'horn (Firder/Beck)

Aufblühen zu neuem Leben

Text: Johannes 13,34

Frank Niemann

Die Trauung fand im März statt. Zur Predigt hatte ich einen Kirschzweig mitgenommen, der schon die ersten Knospen zeigte.

Liebes Brautpaar, liebe Hochzeitsgemeinde!
»Freunde, daß der Mandelzweig wieder blüht und treibt, ist das nicht ein Fingerzeig, daß die Liebe bleibt?« Es ist ein schönes Lied, wie ich finde, das Sie sich ausgesucht haben. Ein schönes Lied und eines, das tiefer geht als vieles, das wir sonst singen oder hören.
Und über dem Lied als Titel steht: Das Zeichen. Der Mandelzweig wird zum Zeichen. Zum Zeichen wofür? Ich habe hier zwar keinen Mandelzweig, aber etwas Ähnliches.
Mandelbäume wachsen mehr in südlichen Gefilden. Mandelblüten zierten im alten Israel die Leuchter im Tempel. Ich denke mir, die Menschen damals dachten auch an den Tempel, wenn sie von Mandelblüten hörten oder welche sahen. Und da dieses Lied von einem Juden gedichtet wurde,

nehme ich an, auch seine Erinnerung geht in diese Richtung. Aber es spielt noch mehr hinein. Und da mag uns dieser Kirschzweig zum Zeichen genügen.

Ein Kirschzweig wie viele in diesen Tagen. Auch ein Zeichen. Im Winter ist er wie tot gewesen, schwarz, wie abgestorben, aber jetzt kündigt sich Neues an, leichtes Grün zeigt sich, die Knospen sind am Aufspringen, der Zweig ist zum Leben erwacht, und bald bricht die ganze Blütenpracht hervor, der Baum strotzt vor Leben. Leben bricht aus dem toten Zweig heraus. Der Zweig, ein Zeichen für das Leben.

Auch ein Zeichen für eine Hochzeit? Ich meine, ja. Der Tiefgang des Liedes, das wir gesungen haben, entsteht dort, wo es auch die Schattenseiten, den Tod, im Blick hat, anders gesagt: die Welt, die uns umgibt, in der wir leben und zurechtkommen müssen, uns unseren Weg suchen, Sie beide gemeinsam. Es ist keine Welt, in der es nur die Blütenpracht des Frühlings gibt. Vieles ist in unserer Welt wie ein abgestorbener Zweig. Vieles ist wie tot. Aber: Dieser Zweig erinnert daran: Mitten aus dem allen heraus, was uns umgibt und beeinflußt, entsteht neues Leben, wächst Hoffnung. Neues Leben entsteht da, wo zwei Menschen sich einander zuwenden, wo sie eins werden, sich ganz nah sind, ihre Liebe zueinander entdecken, wo sie sich wie heute ganz fest zusagen: »Ich will für dich da sein, dir vertrauen, dich lieben.« Da entsteht Leben neu, wie aus einem scheinbar toten Zweig im Frühling die Blüten hervorbrechen.

Und wie dieses Leben aus dem Zweig nicht von allein entsteht – es braucht dazu die Sonne, die die Zweige mit ihrem Licht und ihrer Wärme anregt – so, wie die Zweige aus der Kraft der Sonne schöpfen, so können Sie beide, so können wir Leben schöpfen aus Gott, der uns Leben spendet.

Jesus Christus weist darauf hin, wie neues Leben entsteht und sagt: »Ein neues Gebot gebe ich Euch, daß Ihr Euch untereinander liebt, wie ich Euch geliebt habe, damit auch Ihr einander lieb habt.« Er sagt das als Gebot, also mit Nachdruck. Er kann es als Gebot sagen, weil er selbst so gelebt und geliebt hat: Er hat die, die zu ihm kamen, bedingungslos angenommen, ist auf sie zugegangen, offen allen Menschen begegnet, hat keine Hürden aufgebaut. Und so entstand Leben und konnte Leben neu werden bei denen, die zu ihm kamen. Und sie konnten ebenfalls auf andere zugehen, annehmen und neues Leben wachsen lassen.

Bei der Trauung geschieht das neu: zwei kommen zusammen und stellen, was sie verbindet, unter Gottes Segen. Sie stellen sich damit unter das Zeichen des Lebens: Immer wieder kann neu Leben entstehen, Beziehungen können lebendig werden, Liebe kann sich erneuern, wo wir uns einander zuwenden. Immer wieder, so wie aus einem scheinbar toten Zweig neues Leben entsteht.

Vielleicht nehmen Sie diesen Zweig mit, stellen ihn in die Vase. Er wird aufblühen. Ein Zeichen des Lebens. Amen.

Vorsicht, Falle!

Text: Römer 8,28

Liebes Hochzeitspaar!

Vorsicht, Falle!, sagen sicherlich wohlmeinende, aber der Ehe gegenüber kritisch eingestellte Menschen manchmal, wenn sie von der Heiratsabsicht ihrer Freunde hören. Vorsicht, Falle! Wenn du erst einmal drin sitzt, kommst du so leicht nicht mehr heraus. Ich weiß zwar nicht, ob Sie eine solche Warnung bekommen haben: Aber Sie sind alt und lebenserfahren genug, um zu wissen, worauf Sie sich mit dem Schritt in eine Ehe einlassen. Manches Wissen erwirbt man sich nur mit der Zeit und vor allem nur durch Erfahrungen. Und wer erfahren genug ist, tappt ohnedies nicht mehr gleich in jede Falle. Vom *Wissen,* vielleicht oder hoffentlich könnte ich auch sagen vom *Erfahrungswissen* handelt auch der Trauspruch, den Sie sich ausgewählt haben – ein Spruch, der, wenn ich mich recht erinnere, auch einmal ihr Konfirmationsspruch war, Frau F. Er steht im 8. Kapitel des Briefes, den der Apostel Paulus an die Gemeinde in Rom geschickt hat, im 28. Vers und lautet:
»Wir wissen aber, daß denen, die Gott lieben, alle Dinge zum Besten dienen.«
»Wir wissen«, steht da am Anfang des Satzes. Und daß Sie etwas wissen, das ist doch schon eine ganze Menge, war doch die Erkenntnis des antiken Philosophen Sokrates: *»Ich weiß, daß ich nichts weiß«.*
Sie wissen da also schon einiges mehr. Und wenn das, was da in Ihrem Trauspruch drin steht, tatsächlich Ihr Wissen und ihre feste Überzeugung ist, dann bräuchte ich dem gar nichts mehr hinzuzufügen und könnte auch gleich schon wieder »*Amen*« sagen. Aber auch hier gilt: *Vorsicht, Falle!* Ganz so einfach verhält es sich nämlich doch nicht mit Ihrem Trauspruch. Und das aus folgendem Grund: Dieser Spruch könnte einen nämlich sehr leicht zu einem Mißverständnis verleiten, indem man ihn etwa so versteht: »Wir wissen, daß Gott uns, wenn wir uns nur lieben, alles zum Besten dienen läßt.« Und in diesem Wissen können wir es auch in der Ehe miteinander wagen. Frei nach dem Motto: *»Irgendwie wird es schon gutgehen.«* Aber wenn Paulus das so gemeint hätte, dann hätte er es auch so geschrieben. Aber er formuliert eben nun einmal: *Wir wissen, daß denen, die Gott lieben, alle Dinge zum Besten dienen.* Sie haben sich einen Trauspruch ausgesucht, in dem es zunächst nicht um Ihre Liebe zueinander geht, sondern um die Liebe zu Gott. Und da, wo wir *Gott* lieben, da wird er uns alles zum Besten dienen lassen. Fast scheint es nun so, als würde Gott unser Wohlergehen – und auch das Wohlergehen in Ihrer Ehe – an Bedingungen knüpfen. *»Liebst du mich, dann unterstütz' ich dich.«* Aber der Text meint etwas anderes. Er redet nicht von gutem oder schlechtem Ergehen, sondern davon, daß dieselben Lebensumstände von ganz unterschiedlicher Wirkung auf uns sein können – je nachdem, wozu wir sie gebrauchen – wozu wir sie uns dienen lassen.

An einer kleinen Geschichte will ich Ihnen erklären, was ich meine. Von einem alten jüdischen Rabbi wird erzählt, Gott habe ihn schon zu Lebzeiten den Himmel und die Hölle schauen lassen. Zunächst führte er ihn in die *Hölle*. Dort sitzen um einen großen Tisch viele Menschen herum, die auf das Essen warten. Auf dem Tisch stehen Schüsseln voll dampfender Suppe. Und jeder hat auch einen Löffel. Jeder dieser Löffel aber ist so groß, daß es unmöglich ist, vernünftig damit zu essen, und so stochern alle voll Gier in den Schüsseln herum; eine nach der anderen geht zu Boden. Und in all dem Durcheinander bekommt auch nicht einer auch nur einen Löffel Suppe zu essen. Der Rabbi ist von diesem Anblick entsetzt. Von der Hölle hat er jetzt genug. Jetzt will er den *Himmel* sehen. Und Gott erfüllt ihm auch diesen Wunsch. Aber was muß er da sehen? Auch im Himmel sitzen die Menschen um einen großen Tisch, gedeckt mit dampfenden Suppenschüsseln. Und ihre Löffel sehen nicht anders aus als die der Menschen in der Hölle. Und doch ist alles ganz anders. Im Himmel füttert jeder sich mit seinem Löffel nicht selbst, sondern den, der ihm gegenüber saß. Und so sind am Ende alle satt und zufrieden.

Soweit diese Geschichte. Im Leben – liebes Hochzeitspaar – und auch in Ihrem Leben als Eheleute, da werden Sie oft vor Situationen gestellt, deren Ausgang ungewiß ist. Himmel und Hölle können da oft ganz nah beieinander liegen. Was sich daraus entwickelt, das liegt ganz oft nur daran, was wir aus dieser Situation machen. Denken wir nur an uns und an den eigenen Vorteil, dann kann das Leben leicht zur Hölle werden. Sehen wir aber auf den anderen und die anderen um uns herum – so wie die, die ihr Gegenüber mit Essen versorgt haben – dann kann das am Ende oft die einzige Überlebenschance sein. Gottesliebe bewährt sich zuallererst in der Liebe zu unseren Mitmenschen, die ja alle nach dem Bild Gottes geschaffen sind. Gottesliebe und Nächstenliebe gehören zusammen. Und wo wir unsere Gottesliebe in der Liebe zu unserem Nächsten bewahren, da kann alles zum Besten dienen.

Ein Leben, auch ein Leben in einer Zweierbeziehung, sieht nicht nur gute Tage. Aber manchmal braucht es auch das Schwierige, ja sogar das Schwere, um von neuem einen Zugang zueinander zu finden. Das ist wie bei einer Uhr, wo man schwere Gewichte nach unten zieht, um sie zum Laufen zu bringen; oder wie bei einer Seilbahn, wo die eine zu Tal fahren muß, damit die andere auf den Berg gelangt.

Denken Sie manchmal daran, wenn Sie das Gefühl haben, die Himmel blieben verschlossen. Denken Sie noch vielmehr daran, wenn es Ihnen gut geht miteinander und Sie den Himmel auf Erden erleben, wie man so schön sagt. Und denken Sie vor allem an das, was Ihnen Ihr Trauspruch sagen will. *»Wir wissen, daß denen, die Gott lieben, alle Dinge zum Besten dienen.«* Mit diesem Wissen schnappt die Falle nicht zu, sondern es tun sich Türen auf, und Mauern stürzen ein. Wo Sie sich gegenseitig als Ebenbild Gottes erkennen und lieben, da können Sie voll Vertrauen Ihren Weg durchs Leben gehen. Amen.

Was habe ich von der Liebe?

Text: 1. Korinther 13,1–8 *Winfried Penk*

Liebes Ehepaar N.N.,
alte Worte sind es, die Ihr Euch als Euren Trautext herausgesucht habt. Ich
habe sie in einer neuen Übertragung gelesen, in der der Sinn dieser Worte
deutlicher zum Ausdruck kommt.
Ich bin sicher, diese Verse sind schon hunderttausendmal bei Anlässen wie
dem heutigen ausgewählt, gesprochen und ausgelegt worden. Hunderttau-
sendfacher Versuch zu beschreiben, was die Liebe ist und was nicht.
Und vermutlich hunderttausendfach gescheitert. Gescheitert, weil es nicht
hinreichend beschrieben werden kann, was die Liebe wirklich ist.
Ich glaube auch nicht, daß das notwendig ist. Im Gegenteil: Der Versuch,
genau zu beschreiben, gar zu definieren, was wir unter Liebe verstehen und
was nicht, grenzt sie ein, beschneidet und verstümmelt sie.
Die Liebe braucht Freiheit, sie braucht keine Moralgefängnisse und
Regeln. Wirkliche Liebe sucht sich ihre Regeln selbst. Sie organisiert und
findet sich selbst. Sie braucht dafür keine übergeordneten Instanzen, die
über sie herrschen oder urteilen.
Und so möchte ich jene schönen und oft so mißverstandenen Sätze des
Paulus verstehen. Nicht als Richtlinie, von der kein Christ und keine Christin abzuweichen hat, sondern als Versuch zu beschreiben, wie die Liebe
unter Menschen sich auswirkt.
Hunderttausendfach ausgelegt sind sie, jene Sätze vom Hohelied der Liebe,
aber die Auslegungsgeschichte zeigt, daß sie in der Regel interpretiert wurden in einer Weise, die ich nicht mittragen möchte.
Zwei Beispiele dafür:
So heißt es: Liebe will nicht auf ihre Kosten kommen, sie fragt nicht: Was
habe ich davon?
Stimmt diese Beschreibung schon im Bereich der Nächstenliebe nicht
ganz, denn selbstverständlich hat einer, der einem anderen hilft, auch
etwas davon, und das weiß er auch, so kann diese Beschreibung für die
Liebe zwischen einer Frau und einem Mann verhängnisvoll falsch
werden.
Selbstverständlich soll man sich fragen bei der Liebe: Was habe ich davon?
Gefällt es mir, bin ich zufrieden und glücklich oder möchte ich etwas verändern? Und darüber muß man sprechen. Immer wieder. Nur wenige von uns
haben das wirklich gelernt. Aber man kann es lernen, miteinander, wenn
wir die Scheu ablegen. Die Frage »Was habe ich davon?« hat überhaupt
nichts zu tun mit Egoismus; sie ist im gegenseitigen Austausch zwischen
einer Frau und einem Mann Grundlage für wirkliches Glücklichsein und
Wohlbefinden.

Ein zweites Beispiel:
Liebe kann ertragen, heißt es; sie hat immer noch Vertrauen, hat immer noch Hoffnung, hat immer noch Geduld.

Starke Worte. Falsch werden sie, wenn sie, wie oft geschehen, der Frau und den Frauen ans Herz gelegt werden. Sie sollen zuständig sein für die Beziehungsarbeit, die Liebe und die Geduld. So möchte ich sie nicht verstehen, und ich traue Paulus zu, daß er sie auch so nicht gemeint hat.

Die Liebe ist eine solch starke Kraft, sagt er, daß sie viel aushalten kann. Sie kann selbst ein starker Wind nicht einfach wegblasen. Sie hat soviel Kontakt zum Leben, daß sie immer noch Vertrauen aufbringen kann, daß die Hoffnung nicht verliert.

Im Verhältnis zweier Menschen kann sich das bewahrheiten. Es muß nicht. Man kann die Liebe nicht zwanghaft festhalten. Man kann sich aber mühen darum, daß sie nicht verkümmert.

Daß Ihr beide, N. und N.N., dazu immer die Kraft und die Zeit aufbringen könnt, das wünsche ich Euch von Herzen. Gottes Liebe segne Euch. Amen.

Wagnisse und Sicherheiten

Text: Galater 5,1

Helmut Liersch

Liebe Hochzeitsgemeinde, liebes Ehepaar P.,
nun haben Sie das erreicht, was Sie wollten: Sie feiern Ihre Hochzeit in der geliebten Groß Elber Kirche. Nicht der Kölner Dom sollte es sein, nicht eine prunkvolle Kirche irgendwo sonst. Nein, die beschauliche Groß Elber Kirche, der Sie, liebe Martina, vielleicht sogar – unbewußt? – Ihren Vornamen verdanken ... »Martinskirche«.

Herzlich willkommen also noch einmal! Und daß wir diesen Gottesdienst ökumenisch feiern, das paßt ja auch gut zu dieser Kirche: Schließlich gab es sie schon, bevor sich die Konfessionen trennten. Was kann man nun einem Paar sagen, das schon so viel Lebenserfahrung hat, ja, das sich eigentlich schon seit der Schulzeit kennt (nach dem Motto: »1000 x berührt, 1000 x ist nichts passiert«), einem Paar mit soliden Berufen, mit klaren Vorstellungen vom Leben, erwachsenen Leuten eben?!

Ich will es mit einem Bild versuchen: Als unsere beiden Kinder noch kleiner waren, da bin ich mit ihnen so oft wie möglich zum Zirkus gegangen. Zirkus spricht einen ja unmittelbar an, er ist wie das Leben selber: Es spielt sich etwas ab oben in der Höhe und unten in der Tiefe, man kann lachen und weinen, es gibt Ruhe und Lärm, Menschen und Tiere, etwas zu Sehen, zu Hören, zu Riechen, zu Tasten – ein Abbild für das Leben, der Zirkus. Und ganz besonders der Hochseil-Artist. Haben Sie einmal beobachtet, wie er zunächst prüft, ob das Seil ganz fest gespannt ist, wie er seine Schritte genau abmißt, wie alles auf den Millimeter genau vorausgeplant ist! Und wie unten jemand steht, alles genau beobachtet, Gegenstände präzise hochwirft oder auffängt! Und faszinierend immer wieder dieser Moment, wenn der Seiltänzer das Seil betritt. Alles läßt er los, er geht das Risiko ein, keine Sicherheiten mehr, auf plötzliche Schwankungen muß er reagieren. Das ist nicht nur für Kinder spannend, das hält jeden im Atem!

Sie haben längst verstanden, was ich meine: So kommt mir die Ehe vor. Es gehört eine reifliche Überlegung dazu, Planung und Prüfung. Wehe dem, der unüberlegt auf solch ein Seil tritt, es muß ein solides Fundament geben, auf dem das Ganze ruht, der Seiltänzer trägt sich nicht selber. So ist das mit der Ehe. Ein Schritt auf das schwankende Seil, ein Wagnis, und ringsherum die Zuschauer, atemlos, sensationslüstern, je nachdem. Sie schauen zu, aber helfen können sie eigentlich nicht. Es kommt ganz auf diese beiden Menschen an, einer oben auf dem Seil, der andere unten auf dem Boden, jeder hat seine Aufgabe, jeder muß auf seinen Rhythmus achten, wenn es nicht zum Absturz kommen soll. Nun kann man natürlich einwenden, dieses Bild vom Hochseilartisten passe gar nicht zur Ehe. Im Gegenteil, Ehe sei doch nichts Schwankendes, sondern etwas Festes; vom »Hafen der Ehe« spricht man doch, wo Schutz ist vor den Stürmen des Lebens.

Ich habe Ihnen für Ihr gemeinsames Leben ein Wort des Apostels Paulus ausgesucht:

»Zur Freiheit hat uns Christus befreit! So steht nun fest und laßt euch nicht wieder das Joch der Knechtschaft auflegen!« Gal. 5,1

Mit diesem Wort sind wir ja am Fundament des christlichen Glaubens. Paulus beschreibt das christliche Leben als Freiheit. Er warnt davor, sich irgendwelche anderen Sicherheiten zu suchen als allein die Zusage Gottes. Also, um das Bild vom Hochseil zu benutzen: Er warnt davor, ängstlich runterzuklettern, sich abzukapseln, sich zurückzuziehen in eine selbstvergessene Zweisamkeit, in ein Haus mit verschlossenen Türen. Er hält es für Knechtschaft, seine Sicherheit in Geld und Besitz zu suchen, auch im »Haben« einer Frau oder im »Haben« eines Mannes. Den Ehepartner, die Ehepartnerin »hat« man nicht, man ist mit ihm bzw. ihr auf dem Wege.

»Zur Freiheit hat euch Christus befreit« ... das bedeutet aber schließlich noch mehr. Bei aller Betonung der Freiheit, zu der dieser Text ermutigt: Es geht um die *christliche* Freiheit – und die hat ein Fundament – so wie ein Seil über einen festen Grund gespannt wird. Dieses Fundament ist die Liebe, in der sich der Glaube an Christus auswirkt. Ihr seid zum Lieben befreit! Erst diese Liebe gibt der Lebensgemeinschaft Wert – und sie ist es auch, die ihr Grenzen setzt, sie also »definiert«. Die Liebe macht sich kein festgelegtes Bild vom anderen, schreibt ihm und ihr die Schritte nicht vor. Sie setzt darauf, daß da zwei freie Menschen sind, die einander auch Verwandlungen zutrauen. Zwei Menschen, die auf Jesus sehen, die werden das alles immer neu versuchen. Eine so geführte Ehe braucht dann auch das Publikum im weiten Rund nicht zu scheuen. Im Gegenteil, das müßte ja geradezu zur Nachahmung reizen! Ein Leben in christlicher Freiheit, geschützt durch den Glauben, der in der Liebe tätig wird. Daß Ihnen das zuteil wird, das wünsche ich Ihnen von Herzen – und mit mir gewiß alle, die hier beisammen sind, Eltern, Geschwister und Angehörige.

Unser Beten und Hoffen soll Sie begleiten. Amen.

Ich nehme dich so an

Text: Epheser 4,32   *Wolfgang Alexander Kratz*

Mit Eurer Heirat auf dem Standesamt ist ein neuer Abschnitt Eures gemeinsamen Lebensweges angebrochen. Eure gemeinsame Zukunft als Ehepaar beginnt nun. Gewiß, auch vorher schon habt Ihr durch die längere Zeit gemeinsamen Lebens Erfahrungen im Zusammenleben miteinander sammeln können. Mit Eurer Trauung heute wird uns allen aber ganz besonders deutlich gemacht: Hier wollen zwei sich fest aneinander binden.

In diesem Traugottesdienst kommt etwas von dem, was Euch miteinander verbindet, zum Ausdruck. Und auch etwas von dem, worauf Ihr in Eurer Ehe angewiesen sein werdet. Es wird gut sein, wenn Ihr Euch daran erinnern könnt – in guten wie in schlechten Tagen. An guten Tagen, um Euch miteinander Eures Glückes zu erfreuen, und an schlechten Tagen, um den Mut aufzubringen, über den eigenen Schatten zu springen, füreinander einzustehen, indem Ihr Euch Eures gemeinsamen Fundamentes besinnt.

Natürlich ist der Hochzeitstag ein freudiger Tag, ein Tag, an dem man fröhlich ist und feiert. Auf der anderen Seite ist der Hochzeitstag jedoch ein Tag, der einen Wendepunkt im Leben darstellt, ein Tag, an dem sich Fragen einstellen, die einen nachdenklich werden lassen.

Wie werden die Tage des Lebens für Euch beide weitergehen? Was wird Euch die Zeit bringen? Wird Eure Liebe, die Euch bisher begleitet hat, den Test des Ehealltags aushalten und wird das Einverständnis der Brautleute bestehen bleiben durch die Jahre hindurch?

Diese Anfragen mit ihren Unsicherheiten und Ängsten habt nicht nur Ihr an diesem, Eurem Tag, sie bewegen auch Eure Angehörigen und Freunde. Wir wissen, kein Mensch kann sie in der Gegenwart verläßlich beantworten. In dieser einmaligen Situation, die sich so nie wieder ergeben wird, suchen wir deshalb Kraft, Hilfe und Zuspruch im Wort Gottes, unter dessen Geleit wir uns stellen.

Der Trauspruch, den Ihr Euch gewählt habt, steht nicht nur über diesem Tag und dem Beginn Eurer Ehe. Er soll über Eurer Ehe stehen, Euch in Eurer Ehe als Leitwort dienen. Er will Euch einen Tip, einen Ratschlag mit auf Euren gemeinsamen Weg geben:

»Seid zueinander freundlich und herzlich und vergebt einer dem andern, wie auch Gott Euch in Christus vergeben hat« (Eph. 4,32).

Was hier einer ganzen Gemeinde, der in Ephesus, ans Herz gelegt wird, was hier für den gegenseitigen Umgang im Großen empfohlen wird: ich meine, das gilt um so mehr noch für den gemeinsamen Umgang im Kleinen, im alltäglichen Zusammenleben zweier Menschen. Das kann wirklich ein Leitfaden, eine Richtschnur für eine Ehe sein, das kann für Euch beide gelten: »Seid freundlich und herzlich zueinander und vergebt einer dem andern«. Hier werden keine unerfüllbaren, keine überhöhten Forderungen gestellt. Es wird nichts Übermenschliches verlangt. Freundlichkeit und Herzlichkeit – aber auch die Bereitschaft, Euch, wenn Ihr es daran habt einmal fehlen lassen, dann gegenseitig zu vergeben. Das sind keine Wunschphantasien, sondern das sind Absichten, die Ihr in Eurem Ehealltag auch verwirklichen könnt, ohne Angst haben zu müssen, Euch dabei zu überfordern. Auch Eure Ehe wird Belastungen ausgesetzt sein, Belastungen aushalten müssen, die vorher gar nicht abzusehen sind. Belastungen, die sich allein schon durch den Beruf, vielleicht auch durch Kinder oder auch durch Eltern ergeben können. Auch Belastungen, die auftreten durch das Leben mit vielen Mitmenschen und – durch das Leben mit dem Ehepartner. Niemand unter uns kann voraussehen, was in der Zukunft auf Euch wartet. Theoretisch kann einmal alles ganz, ganz anders werden, als Ihr es Euch heute vorstellt und vornehmt. Dann gilt es, Eure guten Vorsätze, Eure gegenseitige Freundlichkeit und Herzlichkeit nicht über Bord gehen zu lassen, sondern sie mit Leben zu erfüllen. Dann gilt es zu zeigen, daß sie sich bewähren können.

Eine griechische Sage erzählt von dem Riesen Prokrustes. Er lud Wanderer, die an seiner Herberge vorbeikamen, freundlich ein, bei ihm zu rasten und zu übernachten. Am Abend führte er seinen Gast ins Schlafzimmer. War der Gast groß, wies er ihm ein ganz kurzes Bett zu. Er preßte ihn so lange zusammen, bis er hineinpaßte. War der Gast klein, gab er ihm ein großes Bett. Er streckte ihn so lange, bis er das Bett ausfüllte. Meist war der Gast am anderen Morgen tot.

Mit dieser grausamen Sage hielten sich die Griechen die gefährliche Neigung des Menschen vor Augen, den anderen auf das eigene Maß zurechtzuschneiden, ihn nur mit den eigenen Maßstäben, den eigenen Augen zu sehen. Sie wußten, das wäre tödlich.

Tödlich wäre ein solches Vorgehen erst recht für eine Ehe, für jede Liebesbeziehung. So etwas wie das Prokrustes-Bett gab es nicht nur im alten Griechenland. Einige davon dürften heute noch in manchen Ehen im Gebrauch sein. Wie oft wird da nicht versucht, einen anderen Menschen in eine Vorstellung zu pressen oder zu lange an ihm »herumzumachen«, bis er in den Rahmen paßt, der ihm vorgehalten wird.

Hier ist dann die Liebe gefragt, die spürt: Es gibt Grenzen! Ich darf nicht ›ewig‹ an meinem Partner herumerziehen, bis er schließlich ein ganz anderer Mensch geworden ist als der, der er war, bis er ganz in meine Vorstellung paßt. Denn es ist gerade die Chance der Partnerschaft in der Ehe, daß zwei sich durch ihr Anderssein am meisten bereichern. Mit Schmunzeln hat einer mal gesagt: Versuche nie, Deinen Partner so zu machen, wie Du bist! Denn Du weißt doch ganz genau – und Gott weiß es auch –, daß einer von Deiner Sorte genug ist.

Der Gefahr, daß unser Menschsein verkürzt oder verzerrt wird, kann nur die Liebe begegnen. Es ist dieselbe Liebe, die Euch zusammengebracht hat und Euch hier sein läßt, um zueinander »Ja« zu sagen. Diese Liebe reicht dem andern die Hand, gerade in Situationen, in denen Ihr spürt, daß gegenseitig Unrecht getan wurde. Ehepartner wissen, daß Menschen sich gegenseitig immer wieder etwas schuldig bleiben und schuldig aneinander werden.

Die Liebe wird dann alles versuchen, um zu helfen, um aufzurichten und aufeinander zuzugehen. Liebe bedeutet dann: Freundlichkeit, Herzlichkeit, Vergebung. Liebe ist nicht habenwollen, sondern Geben! Die Liebe gibt sich selbst. Sie nimmt den anderen an mit allen seinen guten und auch schwierigen Seiten.

Liebe – das heißt: Verzeihen und Zusammenstehen. Liebe sagt nicht: Ich habe mir alles ganz anders vorgestellt. Sie wirft nicht die Flinte ins Korn, »wenn's einmal dicker kommt«. Liebe rechnet sich nicht gegenseitig die »Sünden« und die bösen Worte des vergangenen Tages vor. Liebe sucht nicht nach Schuld, und sie sucht nicht den eigenen Vorteil. Die Liebe zieht vielmehr einen Schlußstrich und hilft beiden, neu miteinander anzufangen. Sie vergibt. Vergeben heißt nicht: Vergessen. Im Gegenteil, vergeben kann unter Umständen bedeuten, gerade nicht zu vergessen. Vergeben heißt allerdings: keinen Einwand gegen die Versöhnung aus dem vergangenen Geschehen zu holen und gegen den Partner zu richten. Liebe und Vergebung sagen beide das gleiche: ich nehme dich so an.

Mit dieser wechselseitigen Annahme ist dann ein neuer Anfang möglich. Das Miteinander auf dem Weg darf nicht aus den Augen verloren werden. Und auf einen neuen Anfang sind wir alle ständig angewiesen, ganz ehrlich. Mit Jesus Christus hat Gottes Liebe einen neuen Anfang gesetzt. An diesem Geschenk Gottes können wir uns orientieren. Geben wir das Geschenk, das wir von Gott erhalten haben, weiter! Geben wir es weiter, ohne erst Bedingungen zu stellen, Entschuldigungen zu verlangen und ohne Erklärungen zu fordern. Liebe nimmt den andern an.

Ich wünsche Euch die Kraft Gottes und die Liebe, alle Schwierigkeiten, die in einer Ehe so auftreten können, zu meistern – auch im Blick und in der

Besinnung auf diese Stunde, in der Ihr Euch zu Eurer Gemeinschaft bekennt. Und ich wünsche Euch eine solche Freundlichkeit und Herzlichkeit für Eure Ehe, daß Ihr nur in den allerseltensten Fällen auf den zweiten Ratschlag in Eurem Trauspruch zurückzugreifen braucht.

Mit Eurem »Ja« zueinander bekräftigt Ihr vor Gott und den Menschen hier Euren festen Willen zur gemeinsamen Ehe, die erst durch den Tod getrennt werden möge. Soweit es in Eurer Macht und Verantwortung liegt, wollt Ihr alles dafür tun.

Wir wissen, daß die Ehe immer ein Wagnis ist. Daß eine Ehe gelingt, können wir nicht garantieren. Das steht auch in Gottes Hand. Ihm befehlen wir Eure und unser aller Wege an. Möge sein Segen auf Eurem Vorhaben liegen!

Zankt nicht, streitet!

Text: Philipper 2,3 f. *Heinz Behrends*

Er: Musiker. Sie: Sekretärin.

Die Ehe ist keine private Angelegenheit, habt Ihr gesagt. Darum ein Trauwort gesucht, das über Euch und diesen Tag hinausweist.

›Tut nichts aus Zank oder um eitler Ehre willen, sondern in Demut achte einer den andern höher als sich selbst. Ein jeder sehe nicht auf das Seine, sondern auch auf das, was des andern ist.‹

Ein großes Menschenbild steht hinter dem Geist dieses Wortes. Der Mensch ist ein Beziehungswesen, er lebt nicht für sich allein. Er erfährt sich in einem Gegenüber.

›Den andern höher achten als sich selbst‹.

Das muß aufgeschlüsselt werden, damit uns das Wort nicht enteilt. ›Tut nichts aus Zank‹.

Das heißt nicht: Zankt nicht.

Zank im Sinne von Auseinandersetzung ist nötig. Ihr habt Euch über die Jahre in Eurer Verschiedenheit kennen gelernt. Die Gegensätze erfahren: Cuxhaven und Württemberg, Nord und Süd, Küste und Berge, Korn und Wein, Wind und Sonne. Schreibmaschine und Klarinette. Ihr habt Euch in der Verschiedenheit entdeckt und angenommen. Ihr habt die Gegensätzlichkeit ins Gespräch gebracht und könnt es noch mehr tun. Dazu ist alle Offenheit nötig. Nicht aus Angst Rücksicht nehmen und sich schonen. Die

Angst, die Beziehung könnte dies oder jenes nicht tragen. Zankt Euch, wenn es der Wahrheitsfindung, dem Leben, dient.

Aber zankt nicht aus Eitelkeit.

Eitelkeit hat mangelndes Selbstvertrauen im Hintergrund. Sich in den Mittelpunkt stellen mit geföntem Haar, mit gestelzter Rede, mit Fleiß oder anderen subtilen Mitteln. Der Eitle ist ständig mit sich selbst beschäftigt. Er will mit versteckten Mitteln Ehrung erreichen. Der Eitle kann nie genug haben. Alle Menschen haben für ihn nur eine Funktion. Sie sind für ihn Bewunderer, sagt der Kleine Prinz, der Euch vertraut ist. Menschen werden nicht als sie selbst gesehen. Zankt nicht, um Beachtung für Euch selbst zu finden.

Wer sich geliebt weiß, muß nicht eitel sein. Da geschieht in der Liebe Wesentliches: Ich ein Mensch für einen anderen. Eine große Würde wird da zugesprochen. Du – mein Mensch.

Aber da komme ich schon an die Grenze meines Redens. Diese Liebe ist nicht machbar. Sie ist ein Geschenk.

Ihr liebt Euch. Ihr schätzt Eure Verläßlichkeit und Eure Fröhlichkeit. Ihr seid dankbar füreinander, dankbar für das Geschenk der Liebe.

Doch will dies Geschenk auch erhalten und gepflegt werden. Darum fließt Euer Trauwort ein in das große Wort der Erinnerung und des Bekennens zu Jesus, dem das Leben gelungen ist. ›Ein jeder sei gesinnt wie Jesus Christus auch war‹. Und dann beschreibt die Gemeinde damals die Demut, den Mut Jesu Christi.

Den Mut, der aus dem Danken wächst, wünsche ich Euch für die kommenden Tage, Mut zur Offenheit über das Gegensätzliche und Gemeinsame.

»Traumhochzeit«

Text: Kolosser 3,14   *Angelika Obert*

Ansprache bei der Trauung eines jungen Paares ohne Gemeindebezug in einer typischen »Hochzeitskirche«.

Vollkommenheit – das ist ein Wort, vor dem wir zurückscheuen. Es klingt so anspruchsvoll, so fern von der täglichen Erfahrung, die uns lehrt, mit der Unvollkommenheit zu leben. Gerade in der Liebe und in der Partnerschaft scheint es gefährlich, von Vollkommenheit zu träumen. Sie scheint doch bloß eine Illusion zu sein, die früher oder später zerbricht.

Und doch gibt es in jeder Frau und in jedem Mann eine Sehnsucht nach der Vollkommenheit. Wie sollte auch ein junger Mensch nicht erwarten dürfen, daß sich sein Leben in irgendeiner Weise erfüllt! Und immer ist von dieser Erfüllung so erzählt worden, daß das Mädchen seinen Prinzen findet, der es glücklich macht, daß der Junge seine Prinzessin findet, bei der er Frieden findet. Vollkommenheit, sie wird in Mozarts Zauberflöte besungen: »Mann und Weib und Weib und Mann reichen an die Gottheit an«. Und nichts anderes als ein Symbol für solche Vollkommenheit ist auch diese halbe Stunde jetzt, wo Ihr als Mann und Frau vor dem Altar sitzt und über Eurem Eheversprechen die Verheißung steht: Gemeinsam seid Ihr ein Ganzes, gemeinsam werdet Ihr zum Ebenbild Gottes.

Ihr beide habt, so weit ich das vermuten darf, einen starken Sinn dafür, wie wichtig es ist, die Bilder der Vollkommenheit gelten zu lassen. Ihr seid auf diesen Tag heute zugegangen als auf einen Tag, der vollkommen werden soll, vollkommen wie im Märchen oder wie im Kino. Und Eure Familien sind mit ebensolcher Bereitschaft mitgegangen. Für mich als Außenstehende war es beglückend zu spüren, wie da Menschen in großer Zuneigung zusammenwirken, damit das Fest vollkommen wird, das ja Hoch-Zeit heißt: Zeit der Erfüllung, Tag der Vollkommenheit. Da seid Ihr nun angekommen, nach sieben Jahren Liebe und Partnerschaft, nach vielen, vielen Vorbereitungen, und es ist Euch zu wünschen, daß dieser Tag noch schöner wird, als Ihr ihn Euch vorgestellt habt, daß Ihr lange von seiner Vollkommenheit zehren werdet, wenn Ihr jetzt auf die lange und abenteuerliche und gefährliche Reise des Ehelebens geht.

Man spricht immer vom »Hafen der Ehe«, als sei am Hochzeitstag die Vollendung der Beziehung bereits erreicht. Aber das ist ein falsches, ein oberflächliches Bild. Ich möchte Euch überreden, es anders zu sehen. Heute kommt Ihr nicht an, heute brecht Ihr auf zu dem Ziel der Vollkommenheit, das Euer Trauspruch verheißt. Dazu will ich eine Geschichte erzählen, ein russisches Märchen. Natürlich handelt es von einem Königspaar. Die beiden waren sehr reich, sie besaßen viele Goldstücke, und sie verbrachten auch viel Zeit damit, ihre Goldstücke zu zählen, zu verwalten und sich darum zu sorgen. Manchmal stritten sie sich auch wegen des Geldes. Dann wurde es laut. Ein alter Mann, der sie durchs Fenster hörte, lächelte: »Ihr werdet nicht eher Ruhe geben, als bis ihr alles Gold dieser Erde habt«, sagte er.

»Das stimmt«, riefen die beiden, »genau das wollen wir: alles Gold dieser Erde!«

Und sie machten sich auf den Weg, alles Gold dieser Erde zu finden. Sie kamen in ein Gebirge, näherten sich einer Weide, da hörten sie einen Hirtenjungen singen. Er sang wunderschön. Der hat Gold in der Kehle, dachten die beiden, das wollen wir auch haben. Und sie fragten den Jungen, wie man das kriegen kann, das Gold in der Kehle, um so schön, so frei, so inbrünstig zu singen. Der Junge meinte: »Bleibt doch hier.« Und sie setzten sich zu dem Jungen und versuchten auch zu singen, aber es klang wie ein Krächzen. Da blieben sie bei dem Hirtenjungen, schliefen mit ihm in der

Hütte und arbeiteten mit ihm, erlebten die einsamen Sternennächte im Gebirge, hörten all die Stimmen der Natur in der Stille, und nachdem sie ein paar Jahre so gelebt hatten, kam der Tag, an dem auch in ihnen Musik aufstieg und sie singen konnten – so klar und inbrünstig wie der Junge. Sie hatten das Gold in der Kehle gefunden.

Da zogen sie weiter und kamen an eine sehr armselige Hütte, vor der zwei uralte, gebrechliche Menschen saßen, die konnten nicht mehr sprechen und auch nicht mehr alleine gehen. Aus der Hütte kam ein Mädchen mit einem strahlenden Lächeln, das lud die beiden Fremden ein in die Hütte. Es gab nur Wasser und Brot, und trotzdem war es eine glänzende Mahlzeit. Die beiden sahen: Das Mädchen hatte ein goldenes Herz und ein goldenes Lächeln. Das wollten sie auch haben. So blieben sie bei dem Mädchen, versorgten mit ihm zusammen die beiden alten Eltern und den winzigen Hof, aßen Brot und tranken Wasser. Und der Friede dieser kleinen Hütte zog auch in ihre Herzen ein. Und an dem Tag, an dem sie die beiden Alten zur letzten Ruhe brachten, da war auch auf ihrem Gesicht der goldne Schimmer, der vom Herzen kam.

Wieder brachen sie auf und kamen schließlich an ein Maisfeld. Das wurde von einem alten Mann bestellt und leuchtete durch und durch golden. Hier ist es nun wirklich, das Gold der Erde, dachten die beiden, blieben bei dem Mann und arbeiteten mit ihm auf dem Feld und machten Brot. Als der alte Mann starb, hinterließ er ihnen das Maisfeld. Sie blieben da, und alle Hungrigen konnten kommen und sich Brot holen. Es kam ein Abend, da sahen die beiden die ganze Welt, den Himmel und die Erde in goldenes Licht getaucht. Und das goldene Licht war auch in ihnen. Da wußten sie: Jetzt hatten sie es gefunden – alles Gold dieser Erde.

Man darf es suchen. Man darf sich Vollkommenheit wünschen. Aber sie findet sich anders als erwartet – wohl auch in der Ehe. Es gilt ja auch für Euch, daß Ihr heute in vieler Hinsicht reich seid – an Liebe, an Jugend und Zukunft und Kraft, an Menschen, die Euch mögen und gern beschenken und von Herzen unterstützen wollen. Eigentlich ist alles da, was Ihr Euch wünschen könnt. Und trotzdem dürft Ihr so unverschämt sein, heute zu sagen: Wir wollen noch mehr. Wir wollen am Ende ankommen, wo dieses Königspaar auch angekommen ist – bei der unverlierbaren Liebe, bei dem Licht, das durch alle Gefahren und Prüfungen hindurch ist. Was für eine Liebe ist das, die so zum Band der Vollkommenheit werden kann? Sie hat auch – wie im Märchen – ihre Stationen. Und sie kommt zuerst dorthin, wo sie dem Partner, der Partnerin hilft, das eigene Lied zu singen, die eigene Lebensmelodie zu finden. Die Liebe sagt nicht: Wir zwei sind eins. Die Liebe sagt: Du, die ich liebe – Du, den ich liebe – du sollst zu deinem Ziel kommen, deine eigene Gestalt, deine eigene Sprache finden. Ich werde dich nicht hindern. Ich werde vielmehr immer versuchen, dich zu verstehen, dich zu ermutigen, dir deinen Weg zu ermöglichen. Nachher werden wir beten in den alten Worten der Trauungsliturgie: »daß eins das andere in den Himmel bringe« – und das bedeutet nichts anderes, als daß eins dem andern zur Vollkommenheit helfe, daß Ihr zusammengeht, um einander zu einem erfüllten Leben zu helfen.

Aber dann ist es genau so wichtig, Ja zur Unvollkommenheit zu sagen. Mit »goldenem Lächeln« gewissermaßen die Schwäche des Partners und der Partnerin anzunehmen. Es kann kein Mensch für den andern ein vollkommenes Gegenüber sein. Es können zwei Menschen nicht immerzu miteinander harmonieren und aufeinander eingestellt sein. Manchmal gibt es Phasen, in denen sie sich fern werden. Es geht vielleicht gar nicht anders, weil die innere Entwicklung manchmal diese Entfernung braucht. Und es kann auch bei gutem Willen nicht immer so sein, daß zwei, die miteinander gehen, sich gegenseitig zur Erfüllung ihres Lebens helfen. In manchen Dingen werden sie sich auch behindern, einander Grenzen setzen. Und auch dazu sagt die Liebe, die das Band der Vollkommenheit ist, Ja.

Aber sie wird nicht eigensinnig und gewaltsam Grenzen setzen, wird nicht fordern: Du mußt dich anpassen. Du mußt immer für mich da sein. Wenn unsere Ehe gut sein soll, dann darfst du dies und das nicht tun. Die Liebe, die danach sucht, daß der andere, die andere, zu einem erfüllten Leben findet, wird auch eigene Wege und sogar Irrwege erlauben und verkraften. Aber diese Liebe, die wirklich das eigene Lied des Partners und der Partnerin zum Klingen bringen will, die Schwäche auch schützt und trägt, die wird am Ende wirklich unzerstörbar sein. Sie wird das Band sein, das durch gute und böse, innige und fremde Zeiten hält. Sie wird das sein, was die Beziehung am Ende vollkommen macht, wenn sie »alles weiß, alles versteht, alles duldet«, was im Inneren und im Äußeren das Leben des Partners und der Partnerin bewegt. Darum geht es ja im Kern – um ein immer tieferes Jasagen zueinander, um ein Wachsen in der Erkenntnis, die ja sagt zum andern, seinem Schmerz und seiner Freude, seiner Sehnsucht und seiner Angst, seiner Stärke und seiner Schwäche. In solchem Verstehen lernen und Jasagen lernen kommen wir dann wohl einmal wirklich bei dem Maisfeld an, das die ganze Welt vergoldet und von dem viele Menschen zehren können. Denn wir wachsen über die Grenzen hinaus, in denen die eigene Wahrnehmung befangen ist. Wenn wir dahin finden, die Liebe zu einem Menschen in ihrer ganzen Tiefe lernen zu wollen, dann wachsen wir auch in die Einheit hinein, die alle Menschen miteinander verbindet, die Einheit der Liebe Gottes: »Über allem aber zieht an die Liebe, die da ist das Band der Vollkommenheit«.

Hoffende mit Zuversicht

Text: Hebräer 11,1   *Berthold W. Haerter*

Die Traupredigt hielt ich in der Stadt. Die beiden jungen Eheleute kommen aus gut situierten, gebildeten Kreisen. Beim Traugespräch diskutierten wir über den Glauben, seine Notwendigkeit und über Fragen, die wir zum Thema Glauben haben. Der Predigttext wurde anschließend selbst aus einer Liste von 150 Sprüchen ausgewählt. Die Trauung war ökumenisch.

Liebe Amaya und lieber Martin!
Liebe Anverwandte und Freunde!
Liebe Gemeinde!
In der bekanntesten Geschichte Deines Namenspatrons, Martin, des heiligen Martin von Tours, teilt dieser seinen Mantel mit einem Bettler, der keine wärmende Kleidung hat. Wie kommt er dazu?
Geht man mit Verstand an diese Geschichte, so merkt man bald die Unlogik, denn mit einem halben Mantel ist keinem von beiden geholfen. Beide werden frieren und auch das Problem der Armut hat der heilige Martin damit kaum gemildert, geschweige denn gelöst. Es muß also einen anderen, nicht rational faßbaren Grund geben, den der heilige Martin hatte. Schaut man sich die weitere Biographie von ihm an, so erkennt man, daß er zwei Gründe hatte: Es waren die Liebe zu den Menschen und der Glaube an Gott. Diese beiden irrationalen, kaum definierbaren Gründe, haben uns heute in diese Kirche zusammengeführt: Die Liebe und der Glaube.
Mit dem heutigen Tag gießen wir Eure Liebe, Amaya und Martin, in eine institutionelle Fassung. Aus Liebe, die zwei »gemeinsam in die gleiche Richtung« blicken lassen, wie Antoine de Saint-Exupéry sagt, entsteht eine gesellschaftlich faßbare Größe, die Ehe. Aus etwas Irrationalem wird etwas Rationales und das Rationale ist abhängig vom Irrationalen. So ist Eure rational faßbare Ehe stets abhängig von dem irrationalen Phänomen Liebe. Der Grund dafür liegt nicht in uns, sondern in einer anderen, unfaßbaren Größe, in Gott. Mit ihm beschäftigen wir uns Menschen, mehr oder weniger. Und wenn wir dies tun, so beschäftigen wir uns mit dem Glauben.
Euch beide, Amaya und Martin, hat das Thema Glauben beschäftigt, als Ihr Euren Trauspruch ausgesucht habt. Er ist eine Definition des Glaubens. Der Schreiber des Hebräerbriefes versucht mit rationalen Begriffen zu erklären, was doch eigentlich irrational ist, den Glauben an Gott.
Im Vers 1 des 11. Kapitels des Hebräerbriefes steht:
Es ist aber der Glaube eine Zuversicht auf das, was man hofft, eine Überzeugung von Dingen, die man nicht sieht.
Diese Glaubensdefinition ist keine Definition, wie wir sie in der Naturwissenschaft kennen. Sie grenzt nicht klar ab und bestimmt den Begriff nicht

endgültig. Diese Definition des Glaubens regt zum Nachdenken an. Sie ist nicht »unfehlbar festlegend« sondern »fehlbar« und ermöglicht Fragen.

Es ist aber der Glaube eine Zuversicht auf das, was man hofft, eine Überzeugung von Dingen, die man nicht sieht.

Hoffnung – dies ist ein Begriff, in den man viel hineinlegen kann. Man kann nicht nur eine vor sich liegende Zukunft mit hoffnungsvollen Aussichten betrachten. Nein, man kann auch seine Träume als Hoffnungen bezeichnen. Diese Träume können zu Wunschvorstellungen werden, denen man mehr Wirklichkeit beimißt als der Realität. So entstehen Hoffnungen, denen jede Grundlage fehlt. Unbegründete Hoffnungen können einen ins Verderben bringen. Daß Eure Ehe keine unbegründete hoffnungslose Sicht in die Zukunft ist, dafür gibt es zwei Gründe.

Der eine Grund ist die Liebe.

Dies ist nicht irgend eine Liebe, sondern Eure persönliche Liebe, die sich nicht ein für allemal definieren läßt. Diese, Eure Liebe wird ganz anders sein als sie klischeehaft in Büchern und Zeitschriften beschrieben wird. Liebe ist etwas, was in jeder Partnerschaft anders ist. Sie läßt sich nicht vergleichen. Mit dieser Grundlage, Amaya und Martin, mit Eurer Liebe zueinander, könnt Ihr Hoffnung haben, Hoffnung für Zukunft. Ihr könnt aus Liebe mit dem heutigen Tag einen Weg in die gemeinsame, unbekannte Zukunft wagen. Auf diesem Weg kann Eure Liebe wachsen und sich verändern, weil sie nicht definiert ist.

Ich sprach aber von zwei Gründen, die es ermöglichen, daß Eure Ehe kein unbegründetes, hoffnungsloses Unternehmen ist. Dieser zweite Grund ist auch die Ursache, warum wir jetzt in der Kirche sind. Es ist der Glaube an Gott. Der Trautext von Amaya und Martin sagt von diesem Glauben, daß er ein »Hoffen mit Zuversicht« ist. Was zuversichtliches Hoffen im Alltag ist, hast Du, Martin, beispielhaft gezeigt, als Du Deinem jüngeren Cousin bzw. Cousine das Segeln beigebracht hast. Du hattest das Vertrauen zu ihnen, daß sie es lernen werden. Was ist Vertrauen aber anderes als »zuversichtlich hoffen«? Dieses zuversichtliche Hoffen oder man kann sagen, Vertrauen, ist für eine Ehe wichtig. Denn nur so kann man gegenseitig Geduld aufbringen. Auch diese ist in der Ehe notwendig. Daß Du, Amaya, diese Geduld hast, zeigt Deine erste Einladung an Martin vor gut 10 Jahren, die dieser damals vergaß. Obwohl Martin dann kam, wurde Deine Zuversicht doch enttäuscht. Und vielleicht müssen wir alle dies noch lernen: »Zuversichtlich hoffen« heißt nicht, daß man nicht auch Enttäuschungen einstecken muß. Aber die Zuversicht kann einem helfen, sich besser in sein Schicksal hinein zu fügen. Mit diesen Beispielen habe ich zu zeigen versucht, was Glauben ist. Es ist das zuversichtliche Hoffen oder Vertrauen auf Gott, an dem wir geduldig festhalten sollten, auch wenn ein sichtbarer Erfolg nicht sofort eintritt und mit dem man auch Enttäuschungen erleben kann. Dieser Gott verspricht bei uns zu sein, so wie es der 66. Psalm sagt: *der unsere Seele am Leben erhält und läßt unsere Füße nicht gleiten.*

Dieser zweite Grund, der gemeinsame, aber bestimmt unterschiedliche Glaube an Gott, Amaya und Martin, kann Euch die Zuversicht geben, daß Eure Ehe eine gute Basis hat. Gemeinsam mit Zuversicht hoffen auf gemeinsamen Grundlagen, kann helfen, auch einmal aus der Norm auszubrechen. Ihr beide, Amaya und Martin, seid durch Eure Eltern und Lebensumstände geformt. Es kann einmal passieren, daß Ihr aus dieser Euch vertrauten Umgebung heraus, neue, unbekannte Wege gehen müßt oder wollt. Ihr könnt diesen Schritt getrost machen, weil Ihr »Hoffende mit Zuversicht« seid. Dabei könnt Ihr Euch aneinander stärken, denn Ihr seid mit dem heutigen Tag zu einer neuen Einheit verschmolzen. Dies geschieht mit der Trauung. In ihr verspricht Gott, daß er in guten und schlechten Tagen bei Euch ist. Er, dieser unbekannte Gott, dieses Faszinosum und Tremendum, wie Martin Luther sagt, wird Euch auf Eurem Weg begleiten, der nicht immer nach Eurem Willen gehen wird. Gott läßt einen Weg auch manchmal ganz anders werden, als erwartet, denn: Gott ist anders als wir erwarten und denken. Er paßt in keine gesellschaftlich oder theologische Norm. Dies zeigt uns Jesus Christus. Es ist der Jesus, der sich anpaßt, wenn er den Tempel am Sabbat aufsucht. Es ist aber auch der Jesus, der die Souvenirverkäufer und Banker aus dem Tempel jagt, die da Handel treiben, wo man beten soll. Dieser Gott, der anders ist als es die Menschen erwarten, ist der Begleiter Eurer Ehe.

Wir werden erst

Text: 1. Johannes 3,2 b   *Dieter Schupp*

»... es ist noch nicht erschienen, was wir sein werden.«
Natürlich nicht.
In allem Anfang ist ein Mehr, als dieser Anfang selbst kundgibt. Ja, mehr sogar als alles, was sich später als ein »Noch nicht« erweisen wird.
Und jeder Augenblick im Leben ist immer nur ein Jetzt und somit auch nur ein Ausschnitt aus der Welt der Möglichkeiten, auf die hin Sie beide leben; was Sie erwartet, was Sie erwarteten.
Es steht immer noch etwas aus. Es kommt immer noch etwas auf uns zu. Nie sind wir fertig mit uns. Auch noch nach Jahr und Tag: immer noch offen für neue Erfahrungen, die das Leben mit der Liebe macht und mit ihren Wundern. Doch alles bloß keinen Rahmen aus Gold oder auch nur aus Holz, für beide: für das Leben und für die Liebe. Es gibt nämlich die Gegenbeweise, und die kennen Sie beide. Doch die Beweislage samt Zeugenaussagen und Richtersprüchen ist leicht zu haben.

Die Welt ist voll von Mängeln, Fehlern und Unvollkommenheiten. Sucht man danach, findet man sie auch, zuhauf sogar.

Außerdem ist jedes Leben voll von Träumen, die nicht gar werden. Kein Verschweigen und kein Verdrängen können daran rütteln, schon gar nicht die Realität mit ihren Daten und Fakten schön färben. Sie beide, ein jeder auf seine Weise, haben Tatsachen erfahren und erleben, auch kampflos und machtlos hinnehmen müssen und waren nahe daran, sich mit einem »Endgültig« abzufinden.

Doch ein Ungenügen brach die Realität auf, löste ein Hinausstreben über das Gegebene aus. Und damit hat das angefangen, – was jetzt beginnt. Eine neue Geschichte.

Ein Herzenswunsch und ein Traum sind wahr geworden und in Erfüllung gegangen. Das große Los: die Seligkeit. Erfahrbar, erlebbar allerdings nur in den Augenblicken, wo Sie sich in ihrem gemeinsamen Leben ereignet, – Ihnen – zum Wundern freigegeben – widerfährt.

Denn das Glück oder die Seligkeit ist nichts Statisches und nichts, worauf man jederzeit zurückgreifen könnte. Es ist unserem Planen, Mühen und Verfügen ganz und gar entzogen. – Und dennoch – oh heiliger Widerspruch –: Was kommt und werden wird ist immer anders als was gewesen ist.

Das kann uns unsicher machen, auch ängstlich vor allem Neuen und Unbekannten.

Es ist uns – grundsätzlich und aus welchen Gründen auch immer – recht: das Endgültige, das Unabänderliche, das »Für immer und ewig«. Es ist uns aber auch bewußt, daß das Endgültige ein Verkümmern des Lebens zur Folge hat, das Unabänderliche dazu verführt, sich mit dem, was ist, abzufinden; alles Verwunderliche und Überraschende zu verdrängen, zu verstecken.

Das ist der Anfang von dem, wozu man – später – möglicherweise sagen kann: Wir haben uns festgehalten.

Das »Nichts« in Ihrem Trauwort schließt nichts aus. Kein Glücken und kein Gelingen, aber auch keine Sperren und Verzögerungen, keine Irrwege und keine Verfehlungen.

Aber: Eine fundierte Hoffnung, die sich von sich selbst und von dem Dasein des anderen etwas verspricht, wird durch Schaden nicht klug. Auch nicht vernünftig. Sie hofft und sie liebt, allem zum Trotz, weiter. Und ist dabei bedacht, das was ist, zu überschreiten. Im Rausch zuweilen und in einem überschäumenden Glück, aber – zu seiner Zeit – auch im Zorn und im Trotz; in der Gewißheit: Wir werden erst. Den bloßen Tatsachen setzen die Liebenden ihre Tagträume entgegen, – denn nur durch das Erlebnis der Entgegensetzung entsteht für sie eine »neue Geschichte«. Und neue Geschichten brauchen wir, um eine Liebe am Leben zu erhalten.

Dazu bedarf es der motivierenden, bewegenden und entdeckenden Erfahrung: In jedem Anfang wohnt nicht nur ein Zauber inne, sondern auch ein Risiko.

Er kann verführen, und er kann mißglücken.

Doch ohne einen Anfang kann nicht werden, was werden möchte, werden soll und werden wird. Und darum, aus Erfahrung nicht klug geworden (zu Recht) entscheiden Sie sich für ein gemeinsames Leben, allen Erfahrungen zum Trotz und entgegen allen Einwänden und Bedenken, die Sie beide zu hören bekamen –.

»... es ist noch nicht erschienen, was wir sein werden«, behauptet Ihr Trauwort.

Aber der schaffende, die Gegebenheiten umbildende Mensch, erst recht wenn er sich nicht allein weiß, hat die innere Stärke, etwas zu machen und zu bewirken, etwas zu kommen und gelingen zu lassen, was ihm vorschwebt und beabsichtigt: Lieben zu dürfen und geliebt zu werden. Es gibt kein anderes Glück, als dies zu erfahren und immer wieder erleben zu dürfen.

Was ist das: lieben?

Text: 1. Johannes 4,16 b   *Hansjoerg Haag*

Er, 19 Jahre, Rumäne, als Asylant in das Dorf der Braut gekommen, auf Arbeitssuche, griechisch-orthodox aufgewachsen, nach eigenen Aussagen sehr fromm, ohne zuvor darüber mit seiner Braut geredet zu haben.

Sie, 21 Jahre, Justizangestellte, kirchlich distanziert, weil ihr der (Kinder-)Glaube durch den frühen Tod der Großeltern verloren gegangen ist.

I.   Die Liebe geht weite Wege.
     Es war einmal ein junger Mann. Marcel sein Name. Aufgewachsen ist er in einer großen Stadt: Baia Mare. Und es war eine junge Frau. Groß geworden in Rinderbügen. Die wußte nichts von Baia Mare. Von Marcel. Von der Größe der Welt und von den geheimnisvollen Wegen der Liebe Gottes. Beide kamen in behütete, einfache Verhältnisse hinein. Gott hat für sie gesorgt. Und die Eltern meinten es gut und fühlten sich verantwortlich. Auch die Großeltern wollten ihre Enkel liebhaben. Bloß können Eltern und Großeltern das nicht immer so zeigen, wie sie es meinen. Auch da, beim Zeigen der Liebe, geht sie, die Liebe, verschlungene Wege. Marcel spürte schon als kleiner Junge, daß Liebe weh tun, schmerzen kann. Er verliert die Mutter. Eine tiefe Wunde für die Kinderseele, eine Narbe, die vielleicht immer wieder brennen wird. Weiß er, daß er getauft ist und daß deshalb Gott sein Leben schon längst

in die Hand genommen hat? Daß also die mühseligen Versuche, Annahme zu finden, Bestätigung, Nähe und Wärme zu erfahren doch längst nicht nur an das gebunden sind, was der Vater ihm zeigen und erweisen kann? Was Marcel schmerzlich erfahren muß, ist, daß das Leben auch eine Zumutung ist. Daß das Fehlen der Liebe wie ein schlimmer Durst ist, der nicht gestillt wird, obwohl ja der Vater sein Bestes gibt, aber dabei auch nicht über seinen Schatten springen kann.

Wenn Liebe plötzlich aufhört, egal ob der, der einen liebt, für immer fortgeht oder bloß die Liebe entzieht, dann bricht dem Geliebten eine innere Stabilität zusammen. Das Leben geht weiter. Marcel geht zur Schule. Lernt was für's Leben, für sich, für sein Aus- und Einkommen. Er will bald auf eigenen Füßen stehen. Manuela lernt auch. Fleißig und zielgerichtet. Daß das Ausbleiben der Liebe ein bitterer Verlust ist, muß auch sie erleben – und erleiden. Später. Aber eben auch. In wenigen Monaten hintereinander versterben die geschätzten Großeltern. Wenn die persönliche Zuwendung nächster Angehöriger vermißt wird, sticht das in der Haut unserer Empfindungen wie feine Nadeln, die schlimmes Leid zufügen. Zur Liebe gehört auch diese Seite. Sie ist gebunden an Menschen, an deren Vorhandensein, an deren Gegenwart, an deren Existenz.

Marcel bricht auf. Weiß er, was ihn treibt? Ahnt er, was auf ihn zukommt? Früh, früher als manche andere, geht er eigene Wege – und kommt weit weg von zu Hause in ein fremdes Land. Allein. Aber nicht ohne Menschen, die er dann im Laufe der Zeit als Freunde zu schätzen lernt. Da scheint eine Liebe zu begleiten, die ihn nicht verlorengehen läßt, die ihn nicht einem unbestimmten Schicksal überläßt. Da sorgt Einer, der sich dem Marcel verschrieben hat – seit der Taufe, seitdem er dessen Namen trägt.

Und dann kommt er in einen kleinen Ort inmitten Hessens – und lernt Manuela kennen – und lieben.

Was ist das: lieben?

Das geht durch den Bauch. Da ist jemand, der fasziniert mich, der macht mich an, wie es neudeutsch heißt. Aber mehr noch ist es etwas anderes. Liebe hat mit Einander-reden, Sich-einander-mitteilen zu tun. Was werden Sie einander alles zu sagen gehabt haben? Können Sie in all dem die wunderlichen Wege der Liebe Gottes erkennen? Einer Liebe, die Sie bis hierher geführt, bewahrt und geleitet hat?

II. Was werden die Eltern, die Schon-älteren, denken? Sind Bedenken da? Fragen, ob es gut gehen wird mit den zwei? Sorgen, ob Menschen aus ganz unterschiedlichen Kultur- und Lebensweisen miteinander durch's Leben gehen können?

Sind auch Hoffnungen da, Erwartungen? Daß da über große Distanzen hinweg auf einmal Nähe möglich ist, daß zwei miteinander in einer gemeinsamen Sprache sprechen wollen: nämlich der der Liebe? Können die Väter und die Mutter sich freuen auf zu erwartende Enkel, Kinder, die sich die beiden jungen Leute so sehr wünschen? Ist eine positive Hoffnung da, die den zwei Chancen gibt?

Der Eine, der Namenlose, der, der über allen Namen steht und größer und kleiner ist als alles, was wir denken und begreifen können – der, zu dem wir behelfsweise Gott sagen – und das klingt so verwandt mit gut – der Eine, der Allmächtige und Barmherzige, der gibt der Liebe die einzige Chance. Der sandte einen Menschen, der ganz und gar ist, was Liebe genannt zu werden verdient.

Dieser Mensch hört hin, ganz genau, wahrhaftig und zugewandt. Dieser Jesus grenzt niemanden aus, weist keinen ab, läßt keinen im Regen stehen, gibt jedem bei Gott eine Chance. Dieser Jesus trägt nichts nach. Kein Wort gibt das andere. Dieser Jesus trägt keinen Groll im Herzen, wird nicht zu Unrecht aggressiv, bleibt geduldig, achtet auf Gestik und Mimik des Gegenüber, ja: Er vergibt, er verzeiht. Er macht, wenn Fehler waren, einen Neuanfang möglich. Er spricht die Wahrheit, auch wenn sie unangenehm ist. Er bleibt seiner Überzeugung treu. Er verrät nicht die Ideale des Friedens, der Gerechtigkeit, der Bewahrung der Schöpfung. Von Ihm muß es heißen: Es war einmal einer, der liebte vollkommen, der liebte total, der liebte hingebungsvoll und mit letzter Konsequenz, der litt sogar – als alle sich von Ihm und Seinem Gott abwandten –, der ging sogar ans Kreuz, als niemand Seinen Gott der Liebe erkennen wollte. Er war und ist, der uns alle versöhnt mit Gott, der uns liebt – trotz unserer Unzulänglichkeit, trotz unserer Schuld, trotz unserer Abweisungen, trotz unserer Selbstvergessenheiten. Seit Ihm, mit Ihm und durch Ihn trägt die Liebe einen Namen. Die Liebe hat ein Gesicht, ein menschenzugewandtes, ein freundliches, aber auch ein leidendes, erst recht auch ein sterbendes: das Gesicht Jesu, der uns so liebt, daß er starb, um uns zum ewigen Leben zu holen.

III. Es ist so, liebe Eheleute G. und liebe Hochzeitsgäste: Diese Liebe will sich Platz verschaffen in unserem Leben, in unserem Alltag, in unserem Herzen. Sie haben mir gesagt, Sie haben in der relativ kurzen Zeit Ihres Zusammenseins auch schon Ecken und Kanten aneinander festgestellt. Das ist so – bei allen Eheleuten. Jeder von uns hat Stärken und auch Schwächen, mit denen sich der Partner dann abzumühen und zurechtzufinden hat. Damit umgehen: Das gelingt nur, wenn wir geduldig bleiben. Zuerst einmal mit uns selbst, dann mit unserem Partner. Ich muß bei der Wahrheit bleiben und redlicherweise zu meinem Dickkopf oder zu meiner Abgebrühtheit oder zu meinem dicken Fell oder zu meiner Gekränktheit stehen. Ich darf die Augen nicht verschließen vor meinen negativen Seiten, vor meinem Schatten, wie die Psychologie unsere dunkle Seite vornehm umschreibt. Und! Ich darf es nicht dabei belassen wollen, so als sei ich gut und in Ordnung auch mit den schwachen Seiten. Das wäre bequem, das wäre uneinsichtig, das wäre unweise, töricht, das gäbe sich selbst keine Chance.

Beim Einsehen der eigenen Fehler kann es nicht bleiben. Ich denke, ich muß dann auch an mir arbeiten. Ich versuche, meine Eigenschaften, die einem guten Miteinander im Wege sind, zu verändern. Und sich selbst verändern – das ist eine schwere Arbeit. Dazu könnten die Älteren unter uns auf Grund ihrer Erfahrung vielleicht manch Erhellendes sagen. Jeder von uns ist lernfähig und fähig, sich zu entwickeln – hin zum Schlechten und hin zum Guten. Ich bin ziemlich zuversichtlich, Sie wollen sich beide zum Guten hin entwickeln. Sie wollen und können an sich selbst arbeiten. Das kann viel heißen und bedeuten: Etwa daß ich meinem Partner meinen Wunsch nach Zärtlichkeit nicht aufdränge, wenn er sich innerlich gerade mit einer bestimmten Belastung oder Frage auseinandersetzt. Oder daß ich nicht immer neugierig alles erfrage und wissen will, sondern abwarten kann, wann er gern von dem erzählt, was ihn bewegt und beschäftigt. Oder daß ich nicht in alten Wunden und Fehlern rumstochere, sondern nach vorn in die Zukunft blicke und zum Positiven ermutige. Oder daß ich ihn nicht allein lasse mit Problemen, mit denen er sich herumschlägt, sondern daß ich in der Stille für ihn bete und hoffe, daß ich gute Ratschläge für ihn finde.

Wahrscheinlich klingt Ihnen der Gedanke fremd. Aber ich bin überzeugt, daß er hilfreich und weiterführend ist: Wagen Sie es, füreinander das Gesicht Christi aufzunehmen. Ich habe vorhin erläutert, wie das Gesicht Christi ist: wie freundlich, geduldig, zugewandt. Probieren Sie im Alltag – und ich versichere Ihnen, das ist noch nicht einmal anstrengend, sondern eher spannend und interessant –, probieren Sie herauszufinden, welches Gesicht brauche ich, um meinem Partner die Liebe Christi in die Augen blicken zu lassen. Seien Sie nicht entmutigt, wenn es anfangs nicht gleich klappt. Sie haben ja ein Leben lang Zeit, um dem Ziel immer näher zu kommen.

Nutzen Sie, weil Worte längst nicht immer alles sind, nutzen Sie die Möglichkeiten der körperlichen Zuwendung. Eine Umarmung, ein Kuß, ein Streicheln sagt manchmal mehr als viele Worte – Wohl Ihnen, wenn Sie solche Gesten mit hineinnehmen in Ihren Alltag, in Ihr Älterwerden, auch in den Lebensabend Ihrer Ehe.

Nun zum Schluß, sozusagen als Höhepunkt der Trauspruch, das Bibelwort, das ich für Sie auswählen durfte und das Sie begleitet bis zum Ende, wenn wir Christen ja den Neuanfang bei Gott erwarten. Also Ihr Trauspruch steht im Neuen Testament, im 1. Johannesbrief und heißt:

»Gott ist die Liebe; und wer in der Liebe bleibt, der bleibt in Gott und Gott in ihm.« 1. Joh. 4,16 b

Wer hat zuerst »Ich liebe dich« gesagt?

Text: 1. Johannes 4,19   *Christoph Schmidt-Ehmcke*

Das Brautpaar kannte sich aus der Jugendarbeit unserer Gemeinde – beide hatten über Jahre in der Theatergruppe gespielt.

Spielen wir zusammen ein Stück. Ihr beiden seid meine Hauptdarsteller, ich bin, wie Ihr das kennt, der Regisseur. Das Bühnenbild: nehmen wir eine Bank, eine Bank, wie sie etwa am Kanal steht. Das ist ja nicht weit von Euren Elternhäusern entfernt.

Ich lasse Euch oben auf der Lehne sitzen, nicht brav, wie es sich gehört, denn wir spielen ja eine Liebesgeschichte. Da ist alles aus dem Rahmen gefallen, nichts ist mehr ordentlich. Thomas kaut am Stiel eines Gänseblümchens, nimmt es dann aus seinem Mund und steckt es Jennifer ins Haar: »Wer hat zuerst gesagt: Ich liebe dich!?« »Ich war's!« behauptet Jennifer. »Nein, ich!« setzt Thomas dagegen, »ich natürlich!« Ein kleines Gerangel, und Ihr landet beide lachend im Gras.

Eure Eltern kommen vorbei – kann ja sein, so ein Zufall. Die letzten Sätze haben sie mitgehört. Sie schütteln die Köpfe und belehren Euch in gespielter Strenge: »Den Streit können wir schnell entscheiden: Die erste Liebeserklärung haben wir Euch gemacht, zu einer Zeit, als Ihr noch die Hosen voll machtet!«

Recht haben sie ja. Unsere Eltern waren unsere erste Liebe. Von ihnen haben wir zu lieben gelernt. Niemand kann lieben, der nicht vorher geliebt worden ist.

Wir spielen das Stück in unserer Kirche, so wie Ihr es aus unserer gemeinsamen Zeit hier in Epiphanias kennt, direkt vor dem Altar. Dürfen wir das denn – eine einfache Liebesgeschichte in der Kirche spielen? Ihr werdet sehen! Machen wir weiter:

Wir legen Euch lachend ins Gras, die Eltern sind vorbeigegangen, sehr zufrieden, weil sie Euch sagen konnten, woher diese wunderbare Fähigkeit zu lieben eigentlich kommt – da blitzt etwas in Euren Augen auf. Und Ihr ruft ihnen nach: »Und wer hat Euch zuerst geliebt?«

Hier endet unsere kleine Szene schon. Den Rest sollen wir uns ja selbst denken. Eure Eltern haben selbst wieder Eltern gehabt, davor gab es wieder Eltern – bis ins Unendliche.

Im Geschichtenbuch vom Unendlichen, in der Bibel, findet Ihr den Satz: »Laßt uns lieben, denn er hat uns zuerst geliebt.« (1. Johannes 4,19) Bis ins Unendliche kommen wir nicht, »niemand hat Gott jemals gesehen«, so nennt Johannes diese Unmöglichkeit. Aber davor gibt es ein »Zuerst«, eine Urgeschichte für die Kette unserer Liebesgeschichten: zwei, drei Jahre im Leben eines jungen Mannes in einem Winkel der Erde – die Jesusgeschichte. Ein immer wieder neu gespieltes Stück über die Liebe, über die Liebe mit einer Besonderheit: in den einzelnen Szenen kommen Menschen ins Spiel, die nicht »miteinander können«. Und gerade für sie geschieht das Wunder der Liebe.

Wer hat zuerst »Ich liebe dich!« gesagt? Derjenige, der am besten weiß, daß Liebe »miteinander können« heißt und sie so stark ist, jedes »Nicht-miteinander-Können« zu verwandeln. Jesus meinte: Darauf versteht sich allein Gott. Die Christen meinten: Jesus hat uns gezeigt, daß eine solche unwahrscheinliche Liebe auch unter uns, in unseren besten Augenblicken, geschehen kann.

Thomas und Jennifer sind mit einem Gänseblümchen von der Bank gefallen. Sie haben sich liebevoll gestritten. Nun sitzen sie ordentlich nebeneinander vor dem Altar, weil der »Streit« entschieden ist. Wir müssen die Liebe nicht erfinden, keiner von uns war in ihr »zuerst«. Sie war vor uns da und wird vor uns sein. Und sie ist größer als wir uns je hätten ausdenken können. Gott sei Dank.

Liturgische Texte

Begrüßung und Eingangsvotum *Udo Jesberger*

Guten Tag und herzlich willkommen zum Gottesdienst, den wir anläßlich der Trauung von N.N. und N.N. miteinander feiern.
Was damals in einer Disco begann, ein Zufall, oder nennen wir es Fügung, soll heute in einen festen Lebensbund hineinführen. Und weil wir Gott für das Gelingen dieser Bindung um seinen Segen bitten wollen, haben wir uns in einer Kirche zum Gottesdienst versammelt: Freunde und Freundinnen, Familienangehörige, Verwandte und Bekannte, allesamt Menschen, die N.N. und N.N. in ihrem Leben bisher begleitet haben.
Wir wollen beginnen im Namen dessen, der alle Menschen segnend und schützend begleiten will, im Namen des liebenden Gottes, des Vaters, des Sohnes und des Heiligen Geistes. Amen.

Übergaberitual *Traugott Schächtele*

Darum wird eine Frau ihren Vater verlassen ...
Wohl als Folge einer anglo-amerikanischen Filmkultur hat der Wunsch nach einem Übergaberitual der Braut an ihren zukünftigen Ehemann durch ihren Vater signifikant zugenommen. Gegen eine derartige Praxis spricht zunächst vieles. Sie ist weder in der Tradition unserer Kirchen verankert, trägt deutlich patriarchalische Züge und beschreibt im Leben der beiden Ehepartner in den meisten Fällen einen Anachronismus: Beide Partner haben ihr Elternhaus doch schon weitaus früher verlassen und ihre gemeinschaftliche Lebenspraxis auch in ökonomischer Hinsicht (das Übergaberitual manifestiert ursprünglich ja gerade den Staffettenwechsel in der Versorgungspflicht) längst schon begonnen.
Dennoch bleibt der Wunsch nach einem derartigen Ritual oft auch nach dem Traugespräch bestehen. In diesem Fall scheint es sinnvoll, als Trauliturg/in hier nicht einfach besserwisserisch schon im Vorfeld der Trauung die Atmosphäre zu »vergiften«, sondern eine verantwortbare Realisierung dieses Wunsches zu versuchen.
Nachfolgend sei deshalb ein kleines Formular einer derartigen Übergabeliturgie wiedergegeben, dessen Formulierungen jederzeit den jeweils konkreten Verhältnissen angepaßt werden können.
Ort: Entweder in der Mitte des Kirchenraumes, wo sich Bräutigam und Pfarrer/in, die sich auf den Weg der »Abholung« machen, mit Braut und Vater (und Mutter) treffen, oder am Eingangsportal der Kirche. In diesem Fall würden Bräutigam und Pfarrer/in die beiden anderen Beteiligten »erwarten«.

Liturg/Liturgin: (Im Namen des Vaters und des Sohnes und des Heiligen Geistes. Amen.) Hochzeit – hohe Zeit des Lebens. Alte Wege gehen zu Ende. Neue Wege tun sich auf.

Vater der Braut: Liebe N.N.! Hiermit übergebe/n ich/wir dich dem N.N./deinem Mann. Der Segen Gottes sei mit euch auf eurem gemeinsamen Weg.

(Wahlweise könnte hier ein Beitrag der beiden Ehepartner eingeschoben werden:

Frau: Ich danke dir/euch für alles, was ihr für mich getan habt. Ihr verliert mich heute nicht, sondern ihr gewinnt ein neues Familienmitglied hinzu.

Mann: Ich freue mich auf ein Leben mit dir. Laßt uns jetzt unsere Hochzeit feiern.)

Liturg/Liturgin: Wir wollen uns nun auf den Weg zum Fest eurer Liebe machen. Der Segen Gottes begleitet uns auf diesem Weg.

(Liturg/in, Braut und Bräutigam machen sich auf den Weg nach vorne. Dazu könnte dann die Orgel bzw. die Kirchenmusik einsetzen.)

Eingangsgebete

Gerhard Engelsberger

Herr, unser Gott,
wir sind nun ein Ehepaar.
Wir freuen uns über diesen Tag und danken dir.
Mit den Familien sind wir glücklich,
daß wir uns lieben und daß du es gut mit uns meinst.
Segne diesen Tag, diesen Gottesdienst,
alles, was vorbereitet ist.
Laß uns nun auf dein Wort hören.
Was kommt, wissen wir nicht,
aber wir vertrauen darauf,
daß du uns begleitest.

Helmut Herberg

Du, unser Gott,
Freude und Dank erfüllt unsere Herzen.
Dank für diesen Tag, diese Stunde.
Dank für alle, die zur Hochzeit von
N.N. und N.N. gekommen sind.

Wir danken dir für alles Behüten, Bewahren und Begleiten durch die Eltern, Geschwister, die Freundinnen und Freunde.

Dank dafür, daß sich N.N. und N.N.
begegnet sind und einander liebgewonnen haben.
Sie bitten dich heute mit uns allen
um deinen Segen für ihre Ehe.

Begleite sie auf ihrem gemeinsamen Lebensweg,
daß sie miteinander wachsen und ein glückliches Paar bleiben.

Bernhard von Issendorff

Wir sind so gewiß
    und doch mißtrauen wir unserer Sicherheit,
    wenn es allein auf unsere Kraft ankommt.
    Stehe unserer Gewißheit bei,
    du, Gott unseres Glaubens.
Wir sind so glücklich
    und fragen dennoch nach der Dauer des Glücks,
    wenn es allein auf unsere Bemühung ankommt.
    Beglücke unsere Gemeinsamkeit,
    du, Gott unserer Liebe.
Wir sind so erwartungsvoll
    und werden doch ängstlich angesichts der Zukunft,
    die wir ja nicht allein verantworten können.
    Erneure täglich unsere Erwartung,
    du, Gott unserer Hoffnung.

Heinz-Dieter Knigge

Gott,
Vater und Mutter bist du für uns, weil Du ein Gott der Liebe bist. Wir danken Dir, daß die Liebe von N.N. und N.N. zu diesem Ziel gekommen ist.

Wir bitten Dich,
daß dieser Gottesdienst zum Beginn der Ehe von N.N. und N.N. schön wird – und die Feier nachher auch. Gib, daß wir uns über Dich und über einander freuen können; daß Freude auch Sorgen und Schmerz überwindet.

Gott, Du hast uns füreinander zur Frage gemacht, aber auch zur Antwort. Gib, daß wir uns geben, was wir einander schulden: richtige Fragen und Antworten, die uns helfen.

Gott, es heißt, wir seien Dein Ebenbild. Liebend könnten wir es werden.
Gib N.N. und N.N. Kraft zur Liebe, heute und morgen, solange sie leben –
und uns anderen auch. Amen.

Lesungen

Am Anfang   *Wolfgang Herrmann*
Paraphrase zu Gen. 1+2 als Lesung bei Trauungen

Am Anfang schuf Gott Himmel und Erde.
Und die Erde war wüst und leer,
und es war finster aus der Tiefe;
und der Geist Gottes brauste über die Wasser.
Und Gott sprach: Es werde Licht!
und es ward Licht.

> Dann trennte Gott die Wasser
> und schuf den Himmel; der zweite Tag.

> Am dritten Tag unterschied Gott Erde und Meer;
> und auf der Erde grünte die Pflanzenwelt auf,
> Gras, Kraut und Bäume.

> Weiter schuf Gott die Gestirne
> und mit Sonne und Mond die Zeit.

> Am fünften Tag rief er Fische und Vögel hervor.
> Und am sechsten Tag die Tiere des Feldes,
> jedes nach seiner Art, das Vieh
> und das Gewürm des Erdbodens.

Und Gott sah, daß es gut war.

Und Gott schuf den Menschen zu seinem Bilde,
zum Bilde Gottes schuf er ihn;
und er schuf sie als Mann und Frau.
Und Gott segnete sie.

Und Gott sah an alles, was er geschaffen hatte,
und siehe, es war sehr gut.
> Der erste Lebenstag der Menschen,
> der siebte Schöpfungstag, war Feiertag:
> Schabbat.
> Gott ruhte, segnete den siebten Tag
> und heiligte ihn.

Und Gott der Herr nahm den Menschen
und setzte ihn in den Garten Eden,
daß er ihn bebaue und bewahre
      – seine ursprüngliche Bestimmung.

Psalm zur Trauung   *Bernhard von Issendorff*

Es hat Gott gefallen,
daß wir in menschlicher Liebe erfahren,
was seine Beziehung zu uns bestimmt.
Gott hat die Liebe mit der Möglichkeit geschmückt,
die uns Glück erleben läßt.

Es hat Gott gefallen,
daß unsere menschliche Ehe transparent wird
für unser Zusammenleben mit Ihm.
Gott hat deshalb der Ehe die Gelegenheit aufgetan,
Verantwortung für Himmel und Hölle anzunehmen.

Es wird unserm Gott mißfallen,
wenn wir unserer Liebe zueinander nichts zutrauen
und wir sie nicht groß werden lassen,
und der Schmuck der Liebe äußerlich bleibt,
gar üble Fälschung ist.

Es wird unserm Gott mißfallen,
wenn wir uns in der Ehe keine Mühe geben,
in Schwierigkeit zu wachsen
und nach dem Streit Frieden werden zu lassen.

Es verheißt Gott den Liebenden,
daß sie einen Blick tun dürfen
in seine Ewigkeit, in seine Heiligkeit.
Sie werden von seiner Vergebung leben
und Brot und Wein in Fülle haben.

Es verheißt Gott den Eheleuten,
Völker können zusammenkommen
und sie werden Frieden erleben – Shalom.
Und die Generationen werden wandern
von hier in seine ferne Zukunft.

Trauung und Segnung

Gebet vor den Traufragen   *Gerhard Engelsberger*

Ewiger, treuer Gott,
wir geben jetzt ein Versprechen vor dir, vor der Gemeinde
und gegenseitig vor uns ab.
Wir versprechen uns gegenseitige Treue und Liebe.
Wir versprechen, uns an deinem Wort zu orientieren,
auch wenn es schwierig wird.
Wir wissen: Unsere Kraft und Geduld ist begrenzt.
Wir brauchen Freunde auf unserem Weg.
Sei du uns ein guter Freund.
Amen.

Trauversprechen   *Winfried Penk*

N. und N.N.: Sie haben die kirchliche Trauung gewünscht und zum Ausdruck gebracht, daß Sie Ihre Ehe in der Verantwortung gegenüber Gott führen und nach Gottes Willen fragen wollen. Mit Ihrem Ja-Wort versprechen Sie, immer füreinander da zu sein im Vertrauen auf Gottes guten Geist, der Sie begleiten will. Wenn Sie das wollen, dann geben Sie sich die Hand, schauen sich ins Angesicht und sagen Sie: Ja.

Trauformel   *Günter Kaltschnee*

Tagtäglich sagen wir mehrere Male ›Ja‹ zueinander, ohne uns dabei etwas zu denken. Aber dieses ›Ja‹, das ihr jetzt hier vor Gott zueinander sagt, das geht nicht so einfach über die Lippen. Da gehören Spannung, Aufregung und Herzklopfen hinzu, weil es ein wichtiges Bekenntnis zueinander ist und ein unvergeßlicher Augenblick sein soll.
Nachdem wir von Gottes Liebe zu uns und unserem Auftrag zur Liebe gehört haben, frage ich euch deshalb:
N.N., bekennst du dich vor Gott zu eurer Liebe, willst du N.N. (geb. N.) lieben und achten, diese Liebe zu ihr mit Gottes Hilfe in Ehren halten, in schönen wie auch in schweren Zeiten, dann antworte ›Ja‹ (oder ›Ja, mit Gottes Hilfe!‹)
N.N., (geb. N.,) bekennst du dich vor Gott zu eurer Liebe, willst du N.N. lieben und achten, diese Liebe zu ihm mit Gottes Hilfe in Ehren halten, in schönen wie auch in schweren Zeiten, dann antworte ›Ja‹ (oder ›Ja, mit Gottes Hilfe!‹)

Ihr beide werdet von nun an einen Ring tragen, in dem der Name des anderen eingeprägt ist. Seine Kreisform soll Sinnbild für eure Liebe sein. Der Ring soll euch daran erinnern, diese Liebe zueinander treu zu achten.

Trauversprechen und Segnung   *Arno Schmitt*

Liturg/in:
Du *hinter* uns, Lebendiger!
    Hinter allem, was war.
    Kraft, die hervorbringt.
    Die Leben will,
    Entfaltung.

Du *in* uns, Lebendiger!
    In allem, was ist.
    Kraft, die durchdringt.
    Die Reifung will,
    Verwandlung.

Du *vor* uns.
    Vor allem, was wird.
    Kraft, die vorantreibt.
    Die Liebe will,
    Vollendung.

»Gott ist die Liebe. Wer in der Liebe bleibt, der bleibt in Gott und Gott in ihm.« (1. Johannes 4.16)

Traufragen
Und so frage ich Dich, N.N., vor Gott und in diesem Raum, in dem er jetzt ganz nah ist: Ist es Dein Wunsch, N.N. als Deine Frau anzunehmen, wie Gott sie geschaffen hat in seiner Liebe? Und hoffst Du, daß weder Wohlstand noch Armut, weder Gesundheit noch Krankheit Euch trennen kann? Und wird es Dein Gebet, daß Eure Liebe sich weiterentfalte, nicht stehenbleibe und so zum Zeichen der Gottesliebe werden kann? So antworte: Ja, N.N., ich verspreche es!

Und so frage ich Dich, N.N., vor Gott ...

Segnung
Schalom!
Friede!
Alles, was gut ist, komme über Euch beide!

Du, der Du gerufen hast »Licht«,
Und das Licht wurde geboren,
Der sah, daß es gut war,
Das Land des Morgens,
Himmel und Erde,
Das Wasser,
Das Feuer.
Der sah, daß die Bäume gut waren
Und alle Tiere und alle Vögel,
Die kleinen und die großen!
Du, der Du gerufen hast »Mensch«,
Und der Mensch wurde geboren,
Ihn sahst, wie er war,
Fraglos, ohne Beziehung,
Beschäftigt impuls- und resonanzlos nur mit sich.
Du, der Du ihn als *Mann* und *Frau*
Dann geschaffen hast,
In Beziehung also,
Alte Wege korrigiert hast,
Damit sie, die *beiden,* sich fänden:

Vollende und segne sie!
Verwandle ihr Leben in immer neue Liebe,
Ihre Liebe in immer neues Leben,
Und schreib' ihre Namen,
N.N. und N.N.,
In die Fläche Deiner Hand!

Trauversprechen   *Heinz-Dieter Knigge*

Liebe N.N., lieber N.N.!
Gott hat uns die Gemeinschaft der Ehe gegeben, in der wir nach seinem
Wort und nach seiner Verheißung leben können. Kommt jetzt bitte vor die-
sen Altar und versprecht vor Gott und vor seiner Gemeinde, die Gabe der
Ehe zu achten und nicht zu zerstören.

N.N., geb. N.N. und N.N.: Ihr wollt in Freude und Leid füreinander dasein.
Ihr wollt eigene und fremde Lieblosigkeit durch die Liebe überwinden, die
den anderen sucht und nicht sich selber. Ihr wollt Euch und Euern Ehepart-
ner als Gottes Geschenk und als Gottes gute Gabe annehmen. Ist das Euer
Wunsch und Wille, so sprecht gemeinsam:
Ja, mit Gottes Hilfe.

Traufragen bei einem Paar, das verschiedenen
Religionen angehört   *Bernhard von Issendorff*

Vor Deinem und vor unserm Gott
und vor Zeugen aus beiden Religionen
frage ich Dich, N.N.,
willst Du, N.N., als Deine Ehefrau
als ein göttliches Geschenk annehmen,
sie in ihren Eigenheiten und Traditionen,
im Respekt vor ihrem Glauben und ihrer Freiheit
als eine einmalige Kostbarkeit achten,
willst Du sie in ihren Schwächen schützen,
und willst Du sie in ihren Stärken fördern,
willst Du sie niemals zu etwas zwingen,
was Du selbst nicht leisten kannst oder willst,
willst Du Dir mit ihr Mühe geben,
für einander und für mögliche Kinder das Glück zu suchen,
Sorgen und Krankheiten,
Anfechtungen und den Tod zu bestehen,
so antworte: »Ja, mit meines Gottes Hilfe: Ja.«

Vor Deinem und vor unserm Gott
und vor Zeugen aus beiden Religionen
frage ich Dich, N.N.,
willst Du, N.N., als Deinen Ehemann
als ein göttliches Geschenk annehmen,
ihn in seinen Eigenheiten und Traditionen,
im Respekt vor seinem Glauben und seiner Freiheit
als eine einmalige Kostbarkeit achten,
willst Du ihn in seinen Schwächen schützen,
und willst Du ihn in seinen Stärken fördern,
willst Du ihn niemals zu etwas zwingen,
was Du selbst nicht leisten kannst oder willst,
willst Du Dir mit ihm Mühe geben,
für einander und für mögliche Kinder das Glück zu suchen,
Sorgen und Krankheiten,
Anfechtungen und den Tod zu bestehen,
so antworte: »Ja, mit meines Gottes Hilfe: Ja.«

Gott, der Schöpfer,
    gebe euch die Freude, das Leben weiterzugeben,
    gebe euch die Gnade, die Zukunft zu schützen.
Gott, der Erlöser,
    gebe euch die Kraft, für einander dazusein,
    gebe euch das Vertrauen, das einander vergibt.
Gott, der Begleiter,
    gebe euch die Lust, das Leben immer wieder zu entdecken,
    gebe euch die Liebe, die das Richtige augenblicklich weiß.

Segensformel   *Winfried Penk*

Gott, Quelle allen Lebens,
Jesus, brüderliche Liebe und solidarische Hoffnung,
Geist, Kraft, aus der wir leben können:

Gott segne Euren Bund.
Gott schenke Euch Glauben und Liebe
und bewahre Euch allezeit den Sinn.

Trausegen   *Thomas Bühler*

Gott, unser Vater,
Du hast uns geschaffen
als Mann und als Frau,
daß wir einander beistehen,
erfreuen und ergänzen können.
Dies laß N.N. und N.N. gelingen
in guten und in schlechten Tagen

Jesus Christus, du Sohn Gottes,
Du bist in die Welt gekommen,
damit wir Deine Worte hören
und Deinen Spuren folgen – damit wir
durch Dich Vergebung in Anspruch nehmen
und dann auch gerne verzeihen.
So finden wir Frieden in uns und mit anderen.
Gib diesen beiden die Kraft und die Klarheit
einander immer wieder anzunehmen,
wie auch Du uns annimmst.

Gott, Heiliger Geist, begeisternde Kraft!
Du vermagst unser Leben reich zu füllen
mit Glaube, Liebe und Hoffnung.
So hilf diesen beiden,
beieinander zu bleiben
und auch gemeinsam für andere da zu sein.
So segne Euch der Dreieinige Gott. Amen.

Ringformel

Hans Jürgen Milchner

Er: N.N., ich reiche dir diesen Ring als ein Zeichen meiner Liebe und meiner Zuneigung zu dir.
Ich verspreche dir die Ehe, ich verspreche dir, bei dir zu sein in allen guten wie bösen Zeiten.
Nimm diesen Ring als ein Zeichen meiner Freundschaft. Ich möchte dein Ehemann sein. Ich verspreche dir das, so wahr mir Gott helfe.
Sie: N.N., ich reiche dir diesen Ring als ein Zeichen meiner Liebe und meiner Zuneigung zu dir.
Ich verspreche dir die Ehe, ich verspreche dir, bei dir zu sein in guten wie auch in bösen Zeiten.
Nimm diesen Ring als ein Zeichen meiner Freundschaft. Ich möchte deine Ehefrau sein. Ich verspreche dir das, so wahr mir Gott helfe.
Beide: So soll es wirklich sein. Amen.

Die Ringübergabe

Heinz-Dieter Knigge

Als sichtbares Zeichen für Euer Versprechen wollt Ihr diese Ringe tragen.
N.N. steckt N.N. und N.N. steckt N.N. den Ring an den Finger.
Gebt Euch die Hand.
Einer hat sich dem anderen anvertraut. Gott begleite Euch auf Euern Wegen, er segne und behüte Euch. Amen.

Glückwünsche

Bernhard von Issendorff

I.
Ich wünsche Dir Glück,
    nicht nur das Glück, das zu Dir kommt,
    sondern auch das Glück, das in Dir ist,
    und auch das Glück, das von Dir ausgeht.
Ich wünsche Dir dreifach Glück.

Das Glück komme von einem zum andern.
Das Glück komme zwischen euch.
Das Glück fülle den Raum um euch.
Das Glück gehe aus von euch beiden:
 Es ist ein Geschenk für euch.
 Es ist ein Geschenk für einander.
 Es ist eure Antwort an die Welt.

Fürbitten- und Schlußgebete

Gebet mit Gebetsruf aus Taizé:
»Bonum est confidere in Domino«   *Hans Jürgen Milchner*

Guter Gott, unser himmlischer Vater,
gut ist es für uns, dir zu vertrauen
und allein auf dich zu hoffen.
Das haben wir versucht
und möchten es über diesen Tag weiter versuchen.
Wir danken dir für diesen schönen Tag,
wir sind dankbar für alles, was heute geschieht.
Deshalb stimmen wir mit ein in das Loblied für diesen Tag:
»Bonum est confidere in Domino, bonum sperare in Domino.«

Wir freuen uns heute mit unseren Familien und Gästen,
wir sind dankbar für die Eltern und Geschwister.
und allen, die es gut mit uns meinen.
Sie alle sind gekommen,
mit uns das Fest des Lebens, das Fest der Liebe zu feiern.
Mit allen stimmen wir an das Loblied für diesen Hochzeitstag:
»Bonum est confidere in Domino, bonum sperare in Domino.«

Herr, wir sind sehr glücklich,
daß wir zusammen sind,
wir möchten viel aus diesem Tag mit seinem Versprechen machen
und unser Leben danach ausrichten.
Wir bitten dich, guter Gott,
heute um deinen Segen, für unsere junge Familie,
sei du mit uns in allen Zeiten,
in den traurigen und schönen Zeiten
und begleite du uns durch Krankheit und Kummer,
durch fröhliche und freudige Zeiten.
Mit allen stimmen wir an das Loblied auf unseren Hochzeitstag:
»Bonum est confidere in Domino, bonum sperare in Domino.«

Ja – Gutes wollen wir für uns erhoffen,
wir vertrauen auf deine Zusage, unser Leben zu begleiten,
darauf hoffen wir und freuen uns
und singen das Loblied auf deinen ewigen Namen:
»Bonum est confidere in Domino, bonum sperare in Domino.«

Bo-num est con - fi - de - re in Do - mi - no, bo-num spe - ra - re in Do - mi - no.

Fürbitten   *Bernhard von Issendorff*

I.
Liebe Gemeinde,
wir beten mit diesem Hochzeitspaar:
Herr der Liebe,
segne diese Ehe, sowie alle Eheleute,
daß ihnen die Neugier nicht erlahme,
sich gegenseitig zu entdecken
und einander Freude zu bereiten,
daß ihnen die Geduld nicht ermatte,
für einander Zeit zu haben
und auf einander zu warten,
daß ihnen nicht die Hoffnung abhanden komme,
sich zur Entfaltung zu helfen
und im Vergeben neues Leben zu gewinnen.
Liebe Gemeinde,
wir beten mit diesem Hochzeitspaar:
Herr des Lebens,
segne alle Familien,
daß ihnen die Liebe nicht erkalte,
mit der sie einander Nähe schenken
und der Kälte der Welt wehren,
daß ihnen die Kraft nicht fehle,
für einander da zu sein
und sich um die Gemeinsamkeit zu mühen,
daß ihnen die Freude nicht absterbe,
die sie an der Sorge für einander
und im Glück mit einander erleben können.
Liebe Gemeinde,
wir beten mit diesem Hochzeitspaar:
Herr des Lernens,

segne die Gesellschaft,
daß sie in ihrem Eifer nicht nachlasse,
Bedingungen zu schaffen, die Frieden ermöglichen
zwischen den Einzelnen und den Völkern,
daß ihr nicht die Ideen ausgehen,
die Gerechtigkeit zu verwirklichen für jeden,
für den Einheimischen, den Fremden, den Reichen, den Armen,
daß ihr das Interesse nicht erlahme,
die kreativen Möglichkeiten der Einzelnen zu entfalten
und die soziale Verantwortung zu teilen.

II.
Gott, du Urgrund der Liebe,
wir beten für diese Eheleute:
sei mit N.N. und N.N.,
daß du ihnen vorangehst,
daß du bei ihnen bist,
daß du sie auch dann findest,
wenn sie sich verlaufen.

Gott, du Quelle des Vertrauens,
wir beten für die Familien,
die sich mit dieser Trauung binden,
daß du für sie sorgst,
daß du ihr Leben segnest,
daß du ihnen dann Friedensworte schenkst,
wenn es ihnen schwerfällt.

Gott, du Meer des Lebens,
wir beten für die Kirche,
die sich um die Menschen mühen,
daß du sie erneuerst,
daß du ihr Kraft gibst, Heimat zu werden,
daß du sie nicht aus der Verantwortung entläßt,
wenn es ihr schwer zu werden beginnt.

Gott, du All der Gnade,
wir beten für deine Menschheit,
die sich selbst den Untergang bereitet,
daß du ihnen Friedenstifter gibst,
daß du ihnen das Lebensrecht bewahrst,
daß du ihnen die Hoffnung wachrufst,
wenn sie bereit ist, sich selbst aufzugeben.

Gott, wir haben gehört,
daß deine Liebe unendlich
und unbegreiflich ist.
Du liebst uns, so wie wir sind,
du hast uns gesagt,
wie wir miteinander umgehen sollen.

Wir bitten dich für N.N. und N.N.,

- daß sie in unserer Welt,
  in der es immer schwerer wird,
  sich zurecht zu finden,
  sich das Wunder ihrer Liebe erhalten
  und einander Hilfe sein können –

- daß sie aufmerksam gegenüber den Bedürfnissen
  des anderen bleiben,
  weil sie um die Zerbrechlichkeit
  von Partnerschaften wissen –

- daß sie ehrlich, respekt- und liebevoll
  miteinander umgehen, auch dann,
  wenn das Zusammenleben Alltag geworden ist –

- daß sie Hilfe und Bereicherung
  durch ihre Freunde und Familien erleben
  und erfahren, daß sie für andere wichtig sind.

Herr, laß sie und uns nicht mutlos werden,
wenn wir die Zerrissenheit unserer Welt ansehen,
sondern laß uns aus der Liebe, die wir erfahren,
anderen Menschen Zuversicht und Hoffnung vermitteln.
Amen.

Schlußgebete   *Gerhard Engelsberger*

I.

Herr, unser Gott, lieber Vater,
du freust dich an der Liebe der Liebenden,
am Glück der Glücklichen.

Wir wollen dich bitten für diese jungen Eheleute:
Daß die neuen Erfahrungen in der Ehe ihre Liebe nicht gefährdet, sondern
bereichern.

Daß sie sich offenhalten für Überraschungen.
Daß sie dankbar sind für die Gewißheit: Ich liebe meine Frau. Ich liebe
  meinen Mann.
Unsere Gedanken und Bitten reichen Jahre weit.

Unsere ängstlichen Augen sehen Steine und Brocken auf dem Weg,
die wir gerne jetzt schon wegräumen würden.
Nichts und niemand soll die Zukunft dieser Ehe gefährden.
Das bitten wir dich als Eltern und Freunde (und Kinder) dieser Eheleute.

Wir wollen dich bitten,
daß ihre Liebe auch nach außen strömt und andere mitträgt,
daß ihre Ehe zum Segen für viele wird.
Amen

II.
Lieber Vater,
wir danken dir, daß du diese Ehe segnen willst,
Begleite N. und N. mit deiner Liebe,
bewahre sie vor Resignation und Müdigkeit,
schenke ihnen Hoffnung und Phantasie,
bewahre sie vor unfruchtbaren Auseinandersetzungen,
schenke ihnen in ihren Konflikten die Chance,
zu lernen, sich zu verändern.

Lieber Vater,
wir empfinden viel Freude und Hoffnung,
wenn wir als Eltern, Verwandte und Freunde an die Zukunft der beiden
  denken.
Aber auch ein wenig Unsicherheit und Angst.
Auch wir müssen uns wieder umstellen.
Hilf uns heraus aus Ängstlichkeit und Unsicherheit.
Du sagst Ja zu dieser Ehe. Wir sagen auch Ja.

Lieber Vater,
wir haben in diesem Gottesdienst über Liebe nachgedacht.
Wir wollen frei und nicht berechnend damit umgehen.
Schenke uns allen die Freiheit, lieben zu können.

Wir haben gehört und gesprochen.
Wir wollen es nun in deinem Namen auch tun.
Amen

Fundgrube

Die Rolle der Trauzeugen beim evangelischen Traugottesdienst

Kurt Dohm

Gewöhnlich kommt den Trauzeugen im evangelischen Traugottesdienst keine besondere Rolle zu. Sie sind lediglich eine hübsche Staffage, Relikt aus einer Zeit, in der sie noch die Funktion der wirklichen Zeugenschaft gehabt haben. Will man nicht ganz auf sie verzichten, und die wenigsten Paare wollen das, sollte man sie aus der rein passiven Rolle herausführen und ihnen wieder eine sinnvolle Funktion im Traugottesdienst geben.

Die Trauzeugen (Brautführer, Brautjungfern) sind in der Regel gleichen Alters mit dem Brautpaar. Sie kommen aus dem Kreis der Freunde und Geschwister. So können wir ihre Rolle als diejenigen verstehen, die die Brautleute über die Schwelle vom Stand der Ledigen zum Stand der Eheleute begleiten. Das ist einmal wörtlich zu nehmen, indem sie gemeinsam mit Pastor, Brautleuten und Blumenkindern in die Kirche einziehen. Dies ist aber auch symbolisch im Sinne einer religiösen Handlung (Schwellenritual) zu verstehen. Die Trauzeugen verabschieden stellvertretend für die Altersgenossen die Brautleute aus der Gemeinschaft der Ledigen. Sie begleiten sie bei diesem lebensgeschichtlich, emotional und religiös bedeutsamen und einschneidenden Vorgang der Eheschließung. Sie sind Zeugen, Lebenshelfer, rituelle Begleiter.

Dieser Bedeutung würde es nicht gerecht werden, wenn die Trauzeugen, meist sind es zwei Paare, nur Staffage blieben. Ich schlage vor, sie mit besonderen Aufgaben bei der Trauhandlung zu betreuen. Eine Brautführerin könnte den Brautstrauß während der Trauung halten, ein Brautführer die Ringe zureichen. Die Trauzeugen könnten es auch übernehmen, Gebete und biblische Texte zu sprechen. Vor allem aber könnten sie Wünsche und Segensworte der Freunde übermitteln, entweder mit eigenen Formulierungen oder mit literarischen Texten. Der Ort für solche Texte ist entweder unmittelbar vor oder nach der Trauhandlung.

Hierzu sollte aber nur gebeten werden, wer sich dieses auch zutraut und wer dies in angemessener Weise zu tun in der Lage ist. Eine genaue Absprache mit dem Pastor ist notwendig. Möglicherweise können die Trauzeugen zum Traugespräch dazugeladen werden, wenn die Situation es zuläßt.

Folgende Texte sind dazu denkbar:

Pastor: Hört nun die guten Worte und Wünsche eurer Freunde.

Trauzeugen: Worte der Dichtung

1.

Vom Geheimnis der Liebe (Antoine de Saint-Exupéry):

Hier ist mein Geheimis.
Es ist ganz einfach:
Man sieht nur mit dem Herzen gut.
Das Wesentliche ist für die Augen unsichtbar.
Die Menschen haben diese Wahrheit vergesen,
aber du darfst sie nicht vergessen.
Du bist zeitlebens für das verantwortlich,
was du dir vertraut gemacht hast.
(aus: A. de Saint-Exupéry, Der Kleine Prinz. © 1952 und 1956 by Karl Rauch Verlag
KG, Düsseldorf.)

2.

Von Jörg Zink

Die Liebe ist die Kunst, den anderen zu lieben, ohne ihn zu beherrschen, ihm nahe
zu sein, ohne ihn verschlingen zu wollen, ihm Freiheit zu geben, ohne ihn zu verlassen, und bis ans Ende bei ihm zu bleiben.
(aus: W. Koeppen / R. Spennhoff / W. Wolf (Hrsg.), Spuren des Lebens, Biblische
Texte, Gebete und Betrachtungen, Aussaat Verlag, Neukirchen-Vluyn, 1994[2].)

3.

Von Herrmann Claudius

Daß zwei sich herzlich lieben, ist nötiger als Brot,
ist nötiger als Leben und spottet aller Not.
Daß zwei sich herzlich lieben, gibt erst der Welt den Sinn,
macht sie erst rund und richtig bis an die Sterne hin.
Diese Liebe sei mein Wunsch für euch.
(aus: o. a. Spuren des Lebens, Neukirchen-Vluyn 1994[2].)

4.

Von Kurt Marti

Für Gottes ewige Treue gibt es zeitliche Zeiten. Eines von ihnen ist die Ehe, wo eine
Frau und ein Mann einander als verläßlich erfahren und miteinander Verläßlichkeit
einüben dürfen durch Krisen, Zweifel, Entfremdungen hindurch. Inmitten einer
Gesellschaft, die auf ständigen Wechsel, auf schnellen Konsum und ebenso schnel-
les Wegwerfen aus ist, bietet die Ehe – in welcher Form immer – Dauer und Verläßlichkeit an, mitmenschliche Heimat sozusagen.
(aus: o. a. Spuren des Lebens, Neukirchen-Vluyn 1994[2].)

5.

Von Bertolt Brecht

Ich will mit dem gehen, den ich liebe.
Ich will nicht ausrechnen, was es kostet.
Ich will nicht nachdenken, ob es gut ist.
Ich will nicht wissen, ob er mich liebt.
Ich will mit ihm gehen, den ich liebe.
(aus: Gesammelte Werke. © Suhrkamp Verlag Frankfurt am Main 1967.)

6.

Von Martin Buber:

Liebe ist Verantwortung eines Ich für ein Du:
hierin besteht, die in keinerlei Gefühl bestehen kann,
die Gleichheit aller Liebenden,
vom Kleinsten bis zum Größten
und von dem selig Geborgnen, dem sein Leben
in dem eines geliebten Menschen beschlossen ist,
zu dem lebelang ans Kreuz der Welt Geschlagnen,
der das Ungeheure vermag und wagt:
die Menschen zu lieben.

(aus: M. Buber, Ich und Du. Gerlingen: Verlag Lambert Schneider, 12. Aufl. 1994,
S. 22f.)

7.

Von Lothar Zenetti:

Worauf sollen wir hören, sag uns, worauf?
So viele Geräusche, welches ist wichtig?
So viele Beweise, welcher ist richtig?
So viele Reden, ein Wort ist wahr.

Wohin sollen wir gehen, sag uns, wohin?
So viele Termine, welcher ist wichtig?
So viele Parolen, welche ist richtig?
So viele Straßen, ein Weg ist wahr.

Wofür sollen wir leben, sag uns, wofür?
So viele Gedanken, welcher ist wichtig?
So viele Programme, welches ist richtig?
So viele Fragen, die Liebe zählt.

(aus: L. Zenetti, Texte der Zuversicht. J. Pfeiffer Verlag, München, 6. Aufl. 1987.)

8.

Von Peter Horst

Einer weckt dich plötzlich auf
aus dem toten Lebenslauf.
Einer lacht dich freundlich an:
Lachen Wunder wirken kann.
Einer hört dein leises Wort,
hört und schweigt und geht nicht fort.
Einer spürt dein dunkles Leid,
spürt dich auf in Einsamkeit.
Einer teilt mit dir die Nacht,
bis ein neuer Tag erwacht.
Einer gibt dir seine Zeit,
Zeit zur Liebe, Zeit zum Streit.

(aus: Unkraut Leben, Peter Janssens Musik Verlag, Telgte 1977; Rechte beim Autor.)

Schreiben an Paare zur Vorbereitung des Traugespräches

Wolfgang Gerlach

Liebe N.N., lieber N.N.,
im Anschluß an unser Telefongespräch schreibe ich Ihnen zur weiteren Überlegung einige Punkte auf, die Ihnen als Vorbereitung für unser Gespräch am ..., dem ..., um ... Uhr dienen können.
Ich lege zunächst einige Bibeltextstellen bei, die anregen mögen zum Suchen nach einem Trauspruch. Wenn Ihnen nichts davon behagt, umso besser: Dann suchen Sie selber weiter und bringen Sie einen neuen Vorschlag mit (oder auch mehrere), und wir werden dann darüber reden. Denn der Trauspruch soll sowohl ein Begleiter für Ihr Leben als auch zugleich Thema des Tages sein, d. h. ich werde meine Trauansprache diesem von Ihnen gewählten Spruch zugrunde legen.
Wenn Sie gar nichts finden, dann bringen Sie ein »Thema« mit, das Ihnen für Ihr gemeinsames Lebens bisher und auch künftig wichtig ist. Ich werde dann versuchen, Ihnen analoge Bibelspruch-Angebote zu machen.
Unten auf dem beiliegenden Zettel finden Sie als Vorschläge Lieder angegeben, die Sie ebenfalls natürlich durch andere ergänzen oder austauschen können. Wir brauchen ungefähr 2–3 Lieder.
Überlegen Sie außerdem, ob und, wenn ja, welche Art von zusätzlicher Musik (konzertant oder vokal) Sie sich dazuwünschen, d. h. solche Beigaben müßten natürlich aus Ihrem Freundeskreis angeboten werden, denn zum »Dienstleistungsgeschäft« der Kirche gehört es nicht, daß man bei Kirchens die zusätzliche »Musike« ordern kann!
Es ist denkbar und nicht unüblich, daß im Gottesdienst nicht nur der Pastor seinen Auftritt hat, sondern sich (neben evtl. Musikern) auch weitere Sprecher (Lektoren) zum Lesen von Bibeltexten oder Gebeten beteiligen. Das bedeutet, daß z. B. jemand aus der Traugemeinde auch den Kollektenzweck bekanntmachen und erläutern kann.
Haben Sie eine Vorstellung von der Raumsituation der Kirche, also auch ihren Ein- und Ausgängen? Hinter dieser Frage steht: Wie wollen Sie einziehen? Zusammen als Brautpaar? Oder soll die Braut durch den Vater und der Bräutigam durch die Mutter zum Altar geführt und dort gleichsam »abgeliefert« werden (als Symbol für eine gewisse Trennung vom Elternhaus und für den Neubeginn eines Lebens mit dem Partner)?
Dies sei so ein erster Vorgeschmack für Ihre Vorbereitung zu unserem Gespräch. Mit guten Grüßen
Ihr

Auf dem Info-Zettel stehen neben Bibelstellen und Liedern auch Informationen praktischer Art, z. B. zu Blumenschmuck, Stammbuch, Kollekte und Fotografieren (das untersagt ist).

Ein Info-Heft für Brautpaare

Andreas Brosch

Wir heiraten
kirchlich

Evang. Kirche
Thaleischweiler

Liebes Brautpaar,
Sie wollen kirchlich heiraten – wir freuen uns mit Ihnen. Damit der Gottesdienst und das ganze Fest gelingt und in guter Erinnerung bleibt, müssen
schon im voraus einige Dinge bedacht und geplant werden. Dazu möchte
dieses Blatt eine Hilfe sein.

Zunächst einmal sollten Sie den *Termin der Hochzeit* möglichst langfristig (ca. 1/2 Jahr im voraus)
abklären. Beachten Sie bitte unsere Urlaubszei-
ten, die auch im Amtsblatt Anfang des Jahres veröffentlicht werden.

Für die *Eintragung in Ihrem Stammbuch* benötige ich von beiden Partnern
das Datum ihrer Taufe, den Taufort sowie die Registrier-Nummer der
Taufe. Diese Informationen finden Sie im Stammbuch Ihrer Eltern.

Das *Fotografieren* während des Gottesdienstes
ist in unserer Kirche nicht erlaubt. Der Gottesdienst beginnt in diesem Sinne mit dem Eingangslied und endet mit dem Segen. Bitte infor-
mieren Sie alle Gäste darüber! Nach dem Gottesdienst stehe ich jedoch gerne für Fotos zur
Verfügung. Erlaubt ist allerdings das *Video-Fil-
men,* sofern es unauffällig von einem festen
Standort (z. B. von der Empore oder aus dem
Gitterstuhl der Presbyter) geschieht.

 Für die *musikalische Gestaltung* des Trau-Gottes-dienstes ist unsere Organistin --- verantwortlich. Sie hat die Rufnummer --- und freut sich, wenn das Brautpaar sie rechtzeitig vor der Hochzeit persönlich aufsucht. Ihr Honorar von --- übergeben Sie ihr am besten bei der Gelegenheit. (Unser Kirchendiener --- bekommt keine besondere Vergütung für den Dienst bei einer Hochzeit, manche lassen aber auch ihm einen kleineren Betrag zukommen.)

Die *Gestaltung des Gottesdienstes* können Sie natürlich mir überlassen. Schöner ist es jedoch, wenn Sie mit Freunden und Verwandten Ihren Trau-Gottesdienst mitgestalten. Dritte können z. B. eine Lesung übernehmen oder ein Gebet sprechen (das ich Ihnen gerne vorher gebe).

 Bei der *Auswahl der Lieder* sollten Sie überlegen, wie sangeskräftig die Hochzeitsgemeinde sein wird. Davon hängt die Anzahl der Lieder (2–4) und die Auswahl ab. Am besten gesungen werden bekannte Gesangbuchlieder wie *Lobe den Herren, den mächtigen König der Ehren* (317), *Nun danket all und bringet Ehr* (322), *Nun danket alle Gott mit Herzen, Mund und Händen* (321) oder *Großer Gott, wir loben dich* (331). Diese Lieder stehen auch im katholischen Gesangbuch und eignen sich daher für Hochzeiten, bei denen ein Partner katholisch ist (dazu mehr unten). Möglich sind auch Lieder aus unserem grauen Anhang, z. B. *Herr, wir bitten: Komm und segne uns* (655) oder *Herr, deine Liebe ist wie Gras und Ufer* (662).

Für die *sonstige musikalische Gestaltung* können Sie gerne Freunde oder Bekannte einplanen. Das Repertoire sollte sich innerhalb dessen bewegen, was in einer Kirche vertretbar ist. Es gibt aber auch Sänger und Sängerinnen in unserer Gegend, die das nebenberuflich tun: --- Für etwa denselben Betrag, den Sie für einen Sänger anlegen müssen (---), können Sie auch den Singkreis unserer Kirchengemeinde engagieren (sofern die Leute Zeit haben). Die Lieder des Singkreises sind vorwiegend modern, aber nicht nur modern.

 Ein *Programmblatt* für den Gottesdienst kann auf Wunsch erstellt werden, bis 100 Exemplare erbitten wir eine Spende von DM 50,–. Muster können Sie im Pfarramt einsehen.

Nach den Gepflogenheiten hier am Ort sorgen die Hochzeiter für den *Blumenschmuck* der Kirche, falls dies gewünscht wird. Finden zwei Hochzeiten an einem Tag statt, ist es sinnvoll, sich auf ein gemeinsames Blumen-Arrangement zu einigen, es sei denn, jemand möchte die Blumen zuhause aufstellen. Die Gottesdienstgemeinde freut sich jedenfalls, wenn sie sonntags die schönen Blumen sieht.

Seien Sie möglichst pünktlich zum Gottesdienstbeginn (in der Regel um 14.00 Uhr, bei zwei Hochzeiten 14.00 / 15.00 Uhr) an der Kirche. Ich erwarte Sie am oberen Eingang. Dort vor dem Eingang können auch die *Ringe getauscht* werden.

Für den *Einzug* gibt es mehrere Möglichkeiten. Bei großen Gesellschaften und bei Regenwetter (was keiner wünscht) empfiehlt es sich, daß die Mehrzahl der Gäste schon vor Gottesdienstbeginn in der Kirche Platz nimmt und sich dann erhebt, wenn das Brautpaar mit den nächsten Angehörigen und Trauzeugen in die Kirche einzieht. Ansonsten ziehen alle nacheinander ein, wobei die Dame wie früher von ihrem Brautführer geführt werden kann. Ob man dann in einer ähnlichen Formation auch wieder ausziehen möchte, sollte man vom Wetter abhängig machen. Im Zweifelsfall ist es angenehmer, in der Kirche zu gratulieren.

Noch ein Wort zu *Hochzeiten mit einem katholischen Partner* (ich rede gerne von konfessionsverbindenden Hochzeiten bzw. Ehen): Eine evangelisch geschlossene Ehe wird von der katholischen Kirche nur unter bestimmten Bedingungen als rechtmäßige Ehe (im Sinne des katholischen Kirchenrechts) anerkannt. Der katholische Teil sollte rechtzeitig (ca. 6 Wochen vor der geplanten Hochzeit) mit Partner/in zu seinem katholischen Pfarrer gehen und bei ihm die

125

»Dispens von der Formpflicht« beantragen. Das ist ein Antrag auf Anerkennung der evangelisch geschlossenen Ehe durch die katholische Kirche.

Oft werde ich auch nach einer sogenannten *»Ökumenischen Hochzeit«* gefragt. Ich bin im Normalfall gerne bereit, als evangelischer Pfarrer mit dem evangelischen Partner zu seiner katholischen Hochzeit zu gehen und mich an der Feier zu beteiligen. Ob umgekehrt ein katholischer Pfarrer zu einer evangelischen Trauung mitgeht, müssen Sie im Einzelfall selbst klären.

Zu guter letzt noch ein Hinweis: Wenn mindestens ein Partner seinen ersten Wohnsitz nicht in Thaleischweiler-Fröschen oder Höhfröschen hat, benötigt er bzw. sie einen *Entlaßschein* des für sie zuständigen Pfarramtes (bei einem katholischen Partner ist dieser Schein nicht erforderlich).

Die Autorinnen und Autoren

Pfarrer Heinz Behrends, Göttingen; Pfarrer Wolfram Braselmann, Loccum; Pfarrer Andreas Brosch, Thaleischweiler-Fröschen; Pfarrer Thomas Bühler, Dörzbach-Hohebach; Pfarrer Dr. Ludwig Burgdörfer, Landau; Prof. Dr. Karl-Fritz Daiber, Marburg; Pfarrer Kurt Dohm, Bremen; Pfarrer Gerhard Engelsberger, Wiesloch; Pfarrer Dr. Wolfgang Gerlach, Essen; Pfarrer Hansjoerg Haag, Wächtersbach; Pfarrer Berthold W. Haerter, CH-Unterstammheim; Pfarrer Dr. Rolf Heinrich, Gelsenkirchen; Pfarrer Helmut Herberg, Ulm; Pfarrer Eckhard Herrmann, Würzburg; Pfarrer Dr. Wolfgang Herrmann, Holzappel; Dorothea Hirt, Göttingen; Studienleiter Pfarrer Bernhard von Issendorff, Wiesbaden; Pfarrer Udo Jesberger, Iggelheim; Pfarrer Günter Kaltschnee, Lahntal; Pfarrer Hannes-Dietrich Kastner, Worms; Pfarrer Heinz-Dieter Knigge, Göttingen; Pfarrer Wolfhart Koeppen, Ortenburg; Pfarrer Wolfgang Alexander Kratz, Schwalmtal-Hopfgarten; Pfarrer Helmut Liersch, Elbe; Pfarrerin Sigrid Lunde, Bad Kreuznach; Pfarrer Helmut Marschall, Dorum; Pfarrerin Annedore Methfessel, Sprockhövel; Pfarrer Hans Jürgen Milchner, Hunteburg; Pfarrerin Dorothee Münkner, Hannover; Pfarrer Frank Niemann, Lehrte-Arpke; Pfarrerin Angelika Obert, Berlin; Pfarrer Winfried Penk, Biblis-Nordheim; Pfarrer Dr. Jörg Rothermundt, Plüdershausen; Pfarrer Dr. Traugott Schächtele, Ettlingen-Bruchhausen; Pfarrer Christoph Schmidt-Ehmcke, Münster; Pfarrer Arno Schmitt, Mannheim; Pfarrer Dieter Schupp, Kaiserslautern; Pfarrer Helmut Siegel, Hildesheim; Pfarrerin Renate Stein, Küsten; Dekan Klaus Zillessen, Waldshut-Tiengen.

Gebete für das Kirchenjahr

Neue Eingangs- und Fürbittengebete für die Sonn- und Feiertage des Kirchenjahres

Herausgegeben von Wolfgang Brinkel und Heike Hilgendiek. 152 Seiten. Geb. mit Leseband. [3-579-03011-6]

Dieses neue Gottesdienstbuch hält für jeden Sonntag und kirchlichen Feiertag des Kirchenjahres Gebete bereit.

Jedem Sonntag und kirchlichen Feiertag sind je ein Eingangs- bzw. Bußgebet und ein Fürbittengebet zugeordnet, die sich am Sonntags-Evangelium orientieren. Auf je einer Doppelseite präsentiert dieses Buch 72 Gebetseinheiten.

Die Autorinnen und Autoren leben und arbeiten in Gemeinden oder haben Gemeindeerfahrung. Die Anliegen, die sie in den Gebeten formulieren, haben unterschiedliche Schwerpunkte: Politische oder seel-sorgerliche; es sind Gebete, die die Anliegen des einzelnen Menschen formulieren, oder Gebete, die die Sorgen und Nöte der Gesellschaft aufgreifen. In der Hauptsache han-delt es sich um zeitgenössische Gebete.

Neue Eingangs- und Fürbittengebete

für die Sonn- und Feiertage des Kirchenjahres

Gütersloher Verlagshaus